八先生 중국어 Level

CARROT HOUSE
中国北京市通州区大运河开发区运河明珠2号楼2单元2172

八先生 중국어 - Vol.5 스피킹중심
ⓒ Carrot House

All rights reserved. No part of this publication may be reproduced,
stored in a retrieval system, or transmitted, in any form or by any means,
without the prior permission in writing of CARROT HOUSE.

First published June 2012
Reprinted March 2015

Author : 朱雷, 裵良美
Editing Director : 金貞愛
Acquisitions Editor : 金佳姸

ISBN 978-89-6732-028-7

Printed and distributed in Korea
9F, 488 Gangnam St., Gangnam-gu, Seoul 135-827, Korea

중국에 대한 이해

중국(中國)은 고대 중원 지방을 나타냈으나, 현재는 나라의 이름을 뜻하는 고유명사이다. 중국의 정확한 국명은 '중화인민공화국(中華人民共和國)'이며 1949년 10월 1일에 건립되었다.

중문 국명 | 中華人民共和國(중화인민공화국)
영문 국명 | The People's Republic of China(P.R.C.)
국명 약칭 | 中國(China)
수도 | 북경(北京)
국경일 | 10월 1일

표준어 | 한어보통화(漢語普通話)
화폐 | 인민폐(RMB)
시차 | 한국보다 1시간 느림
정치 제도 | 인민대표대회제도
인구 | 약 13억 7천 만명

민족 구성 | 한족(漢族), 장족(壯族), 만주족(滿族) 등 56개 민족
주요 종교 | 불교, 도교, 유교
국토 면적 | 960만 제곱킬로미터

팔선생 이야기

중국에서 先生(선생)은 영어 'Mr.'를 의미하며, 八(8)은 번영과 발전을 의미하는 发(發)과 발음이 비슷하여 중국에서는 누구나 좋아하는 숫자입니다.
八先生은 누구에게나 친숙하고 누구나 좋아하는 사람을 지칭하기도 하죠.
〈팔선생〉은 누구나 쉽고 재미있게 접근할 수 있는 교재입니다.
〈팔선생〉을 통해 즐겁게 중국어와 중국문화를 공부하시고 경험하시길 바랍니다.

팔선생의 특징

1. 자신의 생각을 다양한 형태의 중국어로 표현
매 본문 하단에 본문과 관련된 질문을 제시하여, 본문 점검은 물론 말하기 중심의 수업이 진행될 수 있도록 구성하였습니다. 또한 각 과 연습 문제 마지막 부분에는 다양한 형태의 Activity를 제공하여 학습자가 배운 내용을 기존 형태와는 다른 형태로 다시 한 번 점검해 볼 수 있는 장을 마련했습니다.

2. 꼭 필요한 어휘와 상황 학습으로 내공 탄탄
팔선생 Vol 5.는 중국어 중급 학습자를 위한 교재로써 중급 학습자가 꼭 학습해야 하는 필수 어휘 2,500여 개를 토대로 지문을 구성했으며, 중국인과 일상 생활 회화를 자유롭게 진행할 수 있도록 다양한 상황의 회화와 지문을 제시하였습니다.
또한 매 과 문화산책에서는 중국 문화와 중국 상황에 관련된 내용을 소개하여 중국에 대해 보다 심도 있게 이해하실 수 있도록 구성했습니다.

3. 다양한 연습과 활용으로 강무장
본문 단어와 표현 학습뿐만 아니라 부록에 新HSK 5급 테마 별 단어를 수록하여, 학습자가 다양한 어휘와 표현 학습을 통해 중국어에 능숙해질 수 있도록 구성했습니다.
이와 더불어 연습문제는 新HSK 4, 5급 유형으로 제시하여 新HSK 4, 5급을 대비하는 학습자 분들이 시험 유형에 익숙해질 수 있도록 구성했습니다.

팔선생 시리즈는 학습자 여러분이 중국어에 대해 흥미와 자신감을 갖고 기초부터 차근차근 닦아나갈 수 있도록 다방면으로 고려하여 제작된 교재입니다. 팔선생 시리즈가 학습자 여러분이 글로벌 역량을 강화시키는 데 큰 힘이 되길 바랍니다.

제1과 → 7p
李部长, 幸会幸会!
이부장님, 만나 뵙게 되어 영광입니다.

- **학습목표**
  비즈니스 상황에서 서로를 소개하고, 자신의 회사를 소개하는 표현을 익혀 실제 상황에서 활용해 보자.
- **주요학습 내용**
  1. 시량보어와 어기조사 '了'
  2. 전치사 '关于', '于'의 활용
  3. '使' 피동문

제2과 → 15p
今晚请您尝尝正宗的中国菜。
오늘 저녁 정통 중국 음식을 대접할게요.

- **학습목표**
  식당에서 상대방을 대접하고, 중국 요리를 소개하는 표현을 익혀 실제 상황에서 활용해 보자.
- **주요학습 내용**
  1. 방향보어 파생 용법 '起来'
  2. 전치사 '以'의 활용
  3. 접속사 '无论……都' 구문 활용

제3과 → 23p
图了一时的方便, 反而更麻烦了。
잠시의 편리함을 쫓다가, 오히려 훨씬 귀찮게 되어버렸네요.

- **학습목표**
  병원에서 의사와 나누는 대화 표현을 익히고, 중의학에 대한 이해를 넓혀 보자.
- **주요학습 내용**
  1. 가능보어 고정구문 '来不及'
  2. 전치사 '按照'의 활용
  3. 접속사 구문 '虽然……, 但是'

제4과 → 31p
你平时有空都做些什么啊?
당신은 평소 시간이 있을 때 무엇을 하세요?

- **학습목표**
  여가 시간의 활용 방법에 대한 대화 표현을 익히고, 현대인의 취미 생활에 대해서 이야기해 보자.
- **주요학습 내용**
  1. 자주 사용되는 부사 '好不容易'
  2. 접속사 구문 '不仅……还'
  3. '甚至……都' 구문 활용

제5과 → 39p
你到哪些地方旅游了?
당신은 어느 지역을 여행했어요?

- **학습목표**
  여행을 주제로 한 대화 표현을 익히고, 중국에서 여행하고 싶은 곳에 대해서 이야기해 보자.
- **주요학습 내용**
  1. 강조를 나타내는 부사 '可'
  2. 다음자(多音字)에 대한 이해
  3. 중국어 문장 부호에 대한 이해

제6과 → 47p
我想预订星期五的客房。
저는 금요일 객실을 예약하고 싶은데요.

- **학습목표**
  호텔을 예약하는 대화 표현을 익히고, 중국의 서비스 직종에 대해서 이해해 보자.
- **주요학습 내용**
  1. 정도보어의 2가지 형태
  2. 전치사 '为'의 활용
  3. '受……欢迎'의 구문 활용

제7과 → 55p

我得去陪他找房子。
저는 그를 데리고 집을 찾으러 가야 해요.

● 학습목표
집을 구하는 것과 관련된 표현을 익히고, 뤄훈(裸婚)에 대해 이해해 보자.

● 주요학습 내용
1. 자주 활용되는 부사 '却', '只好'
2. 구조조사 '地'의 용법
3. '既……又' 구문 활용

제8과 → 63p

有我帮你讲价, 不会受骗的。
당신을 도와 값을 흥정할 제가 있기에 사기 당할 일이 없을 거예요.

● 학습목표
물건 구입과 관련된 표현을 익히고, 똑똑하게 물건 사는 방법에 대해 이야기해 보자.

● 주요학습 내용
1. 동태조사 '着'
2. 접속사 '即使……也' 구문
3. 접속사 '只要……就' 구문

제9과 → 71p

我听说中国的男孩子对女朋友很好。
중국 남자는 여자 친구한테 잘한다고 들었어요.

● 학습목표
남녀 가사 분담에 관련된 대화글을 읽고, 남녀 가사 분담에 대한 자신의 의견을 이야기해 보자.

● 주요학습 내용
1. 부사 '才' 용법
2. '所+동사+的' 구문
3. 전치사 '由' 활용

제10과 → 79p

你还知道什么好电影, 给我介绍介绍吧。
좋은 영화를 알고 있으면, 제게 소개해 주세요.

● 학습목표
영화 관람과 관련된 대화글을 읽고, 자신이 좋아하는 중국 영화 감독에 대해서 이야기해 보자.

● 주요학습 내용
1. 피동의 의미를 갖는 동사 : 感人 등
2. 보어의 의미 비교 '说起', '说到'
3. 이합동사 문장 내 쓰임

제11과 → 87p

打车可真难啊!
택시 타기가 정말 어려워요!

● 학습목표
교통 상황과 관련된 표현을 익히고, 중국의 장거리 교통 수단에 대해서 이해해 보자.

● 주요학습 내용
1. '得'의 여러 가지 쓰임
2. '不是……而是' 구문 활용
3. 전치사/접속사 '由于' 활용

제12과 → 95p

龙舟比赛是中国人在端午节举行的特色活动。
롱조우 경기는 중국인이 단오절에 거행하는 특색 있는 행사이에요.

● 학습목표
중국의 명절과 행사에 대해서 이해하고, 한국 명절을 소개해 보자.

● 주요학습 내용
1. 차용 양사
2. 2음절 동사를 목적어로 하는 동사
3. '从来没……过'

부록 → 103p

1. vol.5 스피킹중심 본문해석
2. 연습문제 답안
3. 팔선생의 新HSK 5급 단어
4. vol.5 본문병음

제1과 李部长，幸会幸会!

이부장님, 만나 뵙게 되어 영광입니다.

1. 비즈니스 상황에서 소개하는 대화문을 학습하고 그 내용을 토대로 연습해 보자.
2. 회사를 소개하는 글을 읽고, 자신의 회사를 소개하는 글을 작성해 보자.

- 비즈니스 상황에서 자신을 소개하고, 자신의 회사를 소개하는 표현을 연습해 볼까요?

본문1

在商务场合互相介绍自己

小　　金：张经理，您在这儿啊，我都找您半天了！

张经理：什么事儿啊，小金？

小　　金：韩星电子的李部长来了，我给您介绍一下。
李部长，这位是张经理。张经理，这位是韩星电子的李瑜真部长。

张经理：哎呀，李部长，幸会幸会！

李部长：张经理，您好！见到您很高兴，这是我的名片。

张经理：我也一直久仰您的大名，欢迎您来我们公司。
这是我的名片。

李部长：谢谢！这次，我是代表我们公司来签订下半年的销售合同的。

张经理：是这样啊，那可真是太好了，我们也一直很期待这次合作！

小　　金：张经理，那我先陪李部长去酒店整理一下。

张经理：好，您先去休息一下。关于合同，我们下午开会再详细谈谈。

李部长：行，那我下午再来拜访。

1 小金向张经理介绍了谁？

2 李部长是来做什么的？

3 张经理希望下午和李部长见面后做什么？

단어학습

* 幸会[xìnghuì]
  [동] 만나 뵙게 되어 영광입니다.
* 哎呀[āiyā]
  [감탄] (놀람을 나타내어) 와! 야!
* 签订[qiāndìng]
  [동] (조약을) 조인하다, 체결하다
  * 签订合同 계약서에 서명하다
    签订协议 협약을 체결하다
* 销售合同[xiāoshòu hétong]
  매도 계약, 매매 계약

* 期待[qīdài] [동] 기대하다
* 合作[hézuò]
  [동] 합작하다, 협력하다
  [명] 협력, 제휴, 합작
* 陪[péi] [동] 모시다, 동반하다
  ≒ 带[dài]
* 酒店[jiǔdiàn] [명] 대형 호텔
* 整理[zhěnglǐ] [동] 정리하다
  ≒ 收拾[shōushi]
  * 整理房间 방을 정리하다

整理行李 짐을 정리하다
* 关于[guānyú]
  [전] ~에 관해서 (관하여)
* 详细[xiángxì]
  [형] 상세하다, 자세하다
  ≒ 仔细[zǐxì]
* 谈[tán]
  [동] 말하다, 이야기하다, 토론하다
  [명] 언론, 담화, 이야기, 말

팔선생 표현학습

1 我都找您半天了! 저는 당신을 이미 한참 찾았어요.

시량보어 뒤에 어기조사 '了'가 쓰이는 경우 '~째 ~하고 있다.'는 지속의 의미로 쓰인다.
* '都……了'는 '已经……了'와 같은 의미로 쓰인다.

[예] 我跟她认识了已经两年了。나는 그녀와 이미 2년 째 알고 지내고 있다.
　　我等他等了三个小时了。나는 그를 3시간 째 기다리고 있다.

2 那我先陪李部长去酒店整理一下。
그러면 제가 우선 이부장님을 모시고 호텔 가서 정리 좀 하고 있을게요.

한 문장 내 2개 이상의 동사구를 가질 수 있다. (연동문)
연동문에서 동사구의 순서는 시간의 흐름, 동작의 발생 순서를 따른다.
* 부사, 조동사는 첫 번째 동사구 앞에 둔다.

[예] 爸爸每天早上去公园+锻炼身体。아버지는 매일 아침 공원에 가서 운동한다.
　　你能替我陪老师+去机场吗? 저를 대신하여 선생님을 모시고 공항에 갈 수 있나요?

3 关于合同, 我们下午开会详细谈谈。
계약에 관해서는, 우리 오후에 회의에서 자세히 이야기합시다.

'关于'는 전치사로 하나의 화제를 가지고 말할 때 쓰이며 '~에 관해'로 해석된다.
말하고자 하는 화제의 범위, 내용을 나타낸다.
* 부사어에 쓰일 경우에는 문두에 위치하고, 관형어로 쓰이기도 한다.

[예] 关于这个问题, 我不打算在这儿多说什么。
　　이 문제에 관해서, 나는 여기서 더 말할 생각이 없다.
　　我看了一些关于地震的资料。나는 지진에 관한 몇 가지 자료를 읽었다.

본문2

公司介绍

我们公司成立于1975年，至今已经有几十年的历史了。是韩国一家著名的电子厂商，主要生产电视、空调、电冰箱、微波炉以及电脑。它位于首尔市南十几公里，距离市区远近适中，交通比较便利，而且环境优美。

我们公司现在有200多名职员，大部分是韩国人，也有中国人、美国人和日本人。平时，大家都在一起工作，业余时间聚在一起"侃大山"，或者参加各种文体活动，十分有趣。通过和外国同事的接触，使我们更加了解外国的文化，而且公司的气氛也更好了。

1 "我们"公司成立于什么时候？主要生产什么？
2 简单介绍一下"我们"公司的地理位置。
3 "我们"公司的职员来自哪些国家？
   业余时间职员们一般都做什么？

단어학습

- 成立[chénglì]
  [동] 창립하다, 설립하다, 결성하다
- 于[yú] [전] ~에(~에서)
- 至今[zhìjīn] [부] 지금까지, 여태껏
- 厂商[chǎngshāng]
  [명] (주로 민영의) 공장, 상점
  [명] 제조상, 제조업자
- 微波炉[wēibōlú] [명] 전자레인지
- 位于[wèiyú] [동] ~에 위치하다
- 远近适中 [yuǎnjìn shìzhōng]
  멀고 가까운 것이 알맞다
- 环境[huánjìng]
  [명] 환경, 주위 상황
- 优美[yōuměi]
  [형] 우아하고 아름답다
- 业余[yèyú]
  [명] 업무 외
  [형] 비전문의, 아마추어
- 聚[jù] [동] 모이다, 집합하다
- 侃大山[kǎn dàshān]
  [동] [방언] 잡담하다, 수다 떨다
- 文体[wéntǐ]
  [명] 문체, 레크리에이션과 체육
- 通过[tōngguò] [전] ~을 통해
  [동] 건너가다, 통과되다
- 接触[jiēchù]
  [동] 닿다, 접촉하다, 교제하다
- 使 [shǐ] [동] (~에게) ~시키다, ~하게 하다
- 更加[gèngjiā] [부] 훨씬, 한층 더
- 气氛[qìfēn] [명] 분위기

팔선생 표현학습

1 我们公司成立于1975年。 우리 회사는 1975년에 설립되었습니다.

'于'는 장소, 대상, 범위, 시간 등을 이끌어 내는 전치사로 동사 뒤에 보어로 많이 쓰인다.
* 对, 向, 在, 给, 从, 自 등에 상응하는 의미로 쓰인다.

[예] 人大代表大会于今年4月在北京召开。 인민대표대회는 올해 4월 베이징에서 열린다.
运动有利于健康。 운동을 하는 것은 건강에 이롭다.

2 通过和外国同事的接触……
외국 친구들과의 교류를 통해~

동작 행위의 매개와 수단을 이끌며, 이 수단을 이용하여 어떠한 목적 혹은 결과를 이끌어 낸다.

[예] 通过一年的学习, 我已经能用汉语跟中国人对话了。
1년의 학습을 통해, 나는 이미 중국인과 중국어를 사용할 수 있게 되었다.
通过朋友的介绍, 我找到了一份满意的工作。
친구의 소개를 통하여 나는 마음에 드는 일을 찾았다.

3 使我们更加了解外国的文化 우리로 하여금 외국 문화를 더욱 이해하게끔 한다.

사역동사 '使'는 '~로 하여금 ~하게 하다.' '~는 ~를 ~시키다.'의 의미를 가진다.
* 叫, 让 등의 사역동사와 의미는 같으나, 비동작성 동사와 함께 쓰인다는 차이가 있다.

[예] 谦虚使人进步。 겸손함은 사람을 진보시킨다.
这个消息使人高兴。 이 소식은 사람을 기쁘게 했다.

연습문제

1. 대화를 듣고 질문에 대한 알맞은 답을 고르시오.

❶ (   )

A 王经理跟男的第一次见面。
B 男的是女的公司职员。
C 男的跟女的已经签订了合同。

❷ (   )

A 他们已经说好了关于合同的事儿。
B 男的先让女的去整理行李。
C 女的打算上午找男的。

2. 들려주는 내용과 제시된 문장 내용이 일치하면 'O', 일치하지 않으면 'X'로 표시하시오.

❶ 这家公司成立于1979年,已经有几十年的历史了。(   )
❷ 我们公司主要生产电冰箱和微波炉。(   )
❸ 这家公司交通比首尔市区方便。(   )
❹ 这家公司现在只有韩国人。(   )

3. 다음 밑줄 친 부분에 알맞은 내용을 채워 넣어 대화를 완성하시오.

| 보기 | A 关于 | B 半天 | C 久仰 |

❶ A 昨天您去哪儿了? 我找您 _____ 也没找到!
   B 我去北京出差了,怎么了?

❷ A 您好。见到您很高兴。
   B 我也只是一直 _____ 您的大名,欢迎您来我们公司!

❸ A 那我先陪李部长去酒店整理一下。
   B 好的, _____ 合同我们下午开会仔细谈谈。

4. 아래의 단어들을 배열하여 완전한 문장으로 만드시오.

① 运动   有利   健康   于

_____

② 期待   合作   一直   很   我们   这次

_____

③ 陪妈妈   医院   我昨天   身体   检查   去   了

_____

5. 다음 제시된 표현을 이용하여 중국어로 작문하시오.

① 이번 시험에 관한 통지(공고)를 봤나요? (关于)

_____

② 이부장을 통해 나는 장사장을 알게 되었다. (通过)

_____

③ 이번 여행은 우리로 하여금 중국문화를 더욱 이해하게 했다. (使)

_____

★ Activity ★

아래 밑줄 친 부분을 채워서, 자신의 회사를 소개하는 내용을 작성하여 발표해 보자.

我们公司成立于_____, 至今已经有_____的历史了。是韩国一家_____。
主要生产_____, 它位于_____, _____。我们公司现在
有_____多名职员, 大部分是韩国人, 也有_____。平时, 大家都在一起工作,

_____
_____
_____。

중국문화 산책

중국 춘절에 공영 CCTV에서 방영하는 디너쇼 – 春晚(春节联欢晚会)

매년 섣달그믐날(除夕) 저녁 8시부터 다음날 새벽 12시 반까지 진행되는 춘완(春晚, 春节联欢晚会)은 화려한 조명과 무대의상 그리고 다양한 무대를 선보인다. 매년 춘완(春晚)을 보면 중국 연예문화와 무대, 조명 기술의 발전을 한눈에 볼 수 있는데 매년 발전하는 중국의 무대 기술은 사람들의 탄성을 자아낸다.

춘완(春晚)은 중국 인구의 절반이 시청한다고 알려져 있고 타이완, 홍콩 등 범중화권이 동시에 시청하기 때문에 전세계적으로 적어도 5억명 이상이 시청한다고 한다.

따라서 이 프로는 한 방송사의 행사가 아니라 중국의 전 국가적인 행사이고 광대한 국토와 전세계에 흩어져 있는 다민족 국가 중국을 하나로 묶는 성대한 행사라고 볼 수 있다. 내용도 가족의 단합과 국가에 대한 애정이 듬뿍 묻어나는 프로그램으로 구성되어 있다. 고향에 모인 온 가족이 이 프로를 보면서 만남의 기쁨과 새해를 맞는 행복을 같이 누린다.

또한 중국의 춘완(春晚)은 매년 많은 신조어를 만들며, 긴 시간 동안 사람들에게 회자되며 다양한 볼거리를 제공한다. 내년의 춘완(春晚)에서도 중국의 비약적인 발전과 참신한 젊은이들, 국민에게 널리 사랑 받는 배우들이 등장해서 그 무대를 빛내주리라 기대한다.

今晚请您尝尝正宗的中国菜。

오늘 저녁 정통 중국 음식을 대접할게요.

1. 식당에서 상대방을 대접하는 내용의 대화문을 학습하고 그 내용을 토대로 연습해 보자.
2. 중국 요리를 소개하는 지문을 읽고, 자신이 좋아하는 요리를 소개하는 연습을 해 보자.

- 중국 요리를 먹어 본 적이 있나요?
- 가장 인상 깊었던 요리는 무엇이었나요?

본문1

在饭店里招待客人

张经理：李部长，快请进。

李部长：张经理，让您久等了。这家饭店看起来真不错啊！

张经理：您满意就好。今晚请您尝尝正宗的中国菜。
您有没有什么忌口的东西啊？

李部长：一般的都没什么问题。
不过，我不太喜欢香菜，味道太特别了。

张经理：那您能吃辣的吗？

李部长：能啊，我很喜欢吃辣的。韩国菜有的也比较辣。

张经理：是吗？那今晚就吃四川菜怎么样？

李部长：太好了，我早就听说过四川菜是以麻辣著称的。
今天终于有机会吃到地道的四川菜了！

张经理：那咱们就开始点菜吧。请您看看菜单。

李部长：我不太懂，还是张经理您来点吧。

Question

1　李部长不太能吃什么？他喜欢吃辣的吗？

2　张经理和李部长决定吃什么菜？

3　最后是谁点菜了？

단어학습

- 让[ràng] [동] ~로 하여금 ~하게 하다
- 久等[jiǔděng] [동] 오래 기다리다
- 看起来[kàn qǐlai] [동] 보기에, 보아하니 ≒ 看来[kànlái]
- 满意[mǎnyì] [형] 만족하다 ≒ 满足 mǎnzú
- 尝[cháng] [동] 맛보다
- 正宗[zhèngzōng] [형] 정통의, 진정한
- 早就[zǎojiù] [부] 일찌감치, 진작
- 以[yǐ] [전] ~(으)로(써), ~을 (를) 근거로
- 麻辣[málà] [형] 맵고 얼얼하다
- 著称[zhùchēng] [동] 유명하다 ≒ 有名 yǒumíng
- 终于[zhōngyú] [부] 마침내, 결국, 드디어
- 机会[jīhuì] [명] 기회
- 地道[dìdao] [형] 오리지널의, 정통의
- 点菜[diǎncài] [동] 요리를 주문하다
- 菜单[càidān] [명] 메뉴, 식단
- 懂[dǒng] [동] 이해하다
- 还是[háishi] [부] 여전히, 아직도, 그래도

팔선생 표현학습

1 这家饭店看起来真不错啊! 이 음식점은 정말 좋아 보이네요!

본문의 '起来'는 방향보어의 파생적 용법으로 평가의 의미로 쓰인다.

[예] 这座山看起来像一只大象。 이 산은 보니까 코끼리를 닮았다.
这孩子笑起来真可爱。 이 아이가 웃으니까 정말 귀엽다.

2 您有没有什么不吃的东西呢? 당신이 안 먹는 음식은 무엇인가요?

'什么'는 일반적인 의문대명사로 쓰이기도 하지만, 불특정 대상을 지칭하는 대명사로 쓰이기도 하며, '也, 都'와 함께 쓰이면 어떤 상황에도 예외 없음을 나타내기도 한다.

[예] 你有什么打算吗? 당신은 무슨 계획 있나요?
关于经济, 王经理什么都知道。 경제에 관해, 왕사장은 뭐든지 안다.

3 我早就听说过四川菜是以麻辣著称的。
나는 일찌감치 쓰촨요리는 매운 것으로 유명하다는 것을 들은 적이 있다.

전치사 '以'는 '~로(서)' 의미로 근거 혹은 방식을 나타내는 내용이 함께 쓰인다.

[예] 我以老朋友的身份劝你别那样做。
내가 오랜 친구의 신분으로 설득하건대 너는 그렇게 해선 안 된다.
听力课以提高学生的听力水平为目的。
듣기수업은 학생의 듣기 실력을 향상시키는 것을 목적으로 한다.

4 今天终于有机会吃到地道的了! 오늘 드디어 오리지널을 먹을 기회가 생겼네요!

'有/没有연동문' 뒤에 오는 동사구는 '有'의 목적어를 수식하는 역할을 한다.

[예] 我有几个问题问老师。 나는 선생님에게 물어볼 문제가 몇 개 있다.
我没有时间去找你。 나는 당신을 찾아 갈 시간이 없다.

본문 2

介绍中国菜

中国人对饮食十分注重。因为各地的人口味都不太相同，所以中国菜的种类也十分多样。一般可以分为八大菜系。有广东菜、湖南菜、福建菜、四川菜、江苏菜、浙江菜、山东菜和安徽菜。这几个地方的菜肴都有各自的特点。有的原料丰富，有的鲜香酸辣，有的口味清鲜，有的麻辣咸香。总之是各不相同。

而且，在中国，北方人一般喜欢吃面食，而南方人则更喜欢吃米饭。这是因为中国北方的气候适合种植小麦，而南部适合稻谷生长。不过，现在由于全国各地的人南来北往，也把自己的饮食文化带到了其他地方。所以，无论在中国的哪个地方，都可以吃到各地多种多样的名菜了。

1 中国菜的种类有哪些呢？

2 中国南方和北方的饮食分别有哪些特点？

3 中国的南北方饮食为什么出现这样的特点？

단어학습

- 饮食[yǐnshí] [명] 음식
- 注重[zhùzhòng] [동] 중시하다, 중점을 두다
- 各地[gèdì] [명] 각지, 각처, 여러 곳
- 口味[kǒuwèi] [명] 맛, 풍미
- 相同[xiāngtóng] [형] 서로 같다
- 种类[zhǒnglèi] [명] 종류
- 多种多样[duōzhǒng duōyàng] [성어] (종류나 모양이) 아주 다양하다
- 分为[fēnwéi] [동] (~으로) 나누다
- 菜系[càixì] [명] (각 지방의 특색을 지닌 요리) 계통
- 菜肴[càiyáo] [명] 요리, 음식
- 各自[gèzì] [대] 각자, 제각기
- 丰富[fēngfù] [형] 풍부하다, 넉넉하다
- 鲜[xiān] [형] 신선하다, 싱싱하다
- 酸[suān] [형] 시큼하다, 시다
- 清鲜[qīngxiān] [형] 깨끗하고 신선하다
- 咸[xián] [형] 짜다 ↔ 淡[dàn]
- 总之[zǒngzhī] [접속] 총괄하면
- 而[ér] [접속] 순접이나 역접을 연결하는 역할
- 气候[qìhòu] [명] [기상] 기후
- 适合[shìhé] [동] 적합하다, 부합하다
- 种植[zhòngzhí] [동] 심다, 재배하다
- 小麦[xiǎomài] [명] [식물] 밀
- 稻谷[dàogǔ] [명] 벼
- 由于[yóuyú] [접속] ~때문에, ~(으)로 인하여
- 无论[wúlùn] [접속] ~을 막론하고, ~에 상관 없이

팔선생 표현학습

1 北方人一般喜欢吃面食, 而南方人则更喜欢吃米饭。
일반적으로 북방인은 면을 먹는 것을 좋아하나, 남방인은 쌀밥을 먹는 것을 좋아한다.

'而'은 순접 혹은 역접의 의미로 모두 쓰일 수 있다.
특히 역접으로 사용될 때는 '则(=却)'와 함께 쓰이기도 한다.

[예] 我的家乡非常热闹, 而这个城市则很安静。 나의 고향은 매우 번화하나 이 도시는 매우 조용하다.
他对旅游感兴趣, 而我则对运动感兴趣。 그는 여행에 흥미가 있으나 나는 운동에 흥미가 있다.

2 也把自己的饮食文化带到了其他地方。
자신의 음식문화를 다른 지역으로 가져왔다.

전치사 '把'는 그 뒤에 쓰이는 대상을 어떤 형태로 처치했음을 강조하기 위한 문장이다.
대상은 사물/추상적인 대상 모두 가능하다.
(全国各地人)　　也　　　　把+自己的饮食文化+带+到了……
　(주어)　　　+ [부사+조동사+把+명사구+술어+기타성분]
　　　　　　　　　　　전치사구　　　　　　1) 了
　　　　　　　　　　　[부사어]　　　　　　2) 가능보어를 제외한 보어

[예] 我们把聚会时间定在12月中旬了。 우리는 모임시간을 12월 중순으로 정했다.
别把宠物带进酒店。 애완동물을 호텔로 데리고 들어오지 마십시오.

3 无论在中国的哪个地方, 都可以吃到各地多种多样的名菜了。
중국의 어느 곳이든 각지의 각양각색의 유명 음식을 맛볼 수 있다.

접속사 '无论'은 뒤에 반드시 선택사항이 나온다. [의문대명사, 선택(还是), 정반, 多(么) 등]
또한 두 번째 절은 부사 '都/也'와 호응하여 쓰이는 경우가 많다.

[예] 无论明天天气好坏, 我们都会去爬山。 내일 날씨가 좋든 안 좋든, 우리는 등산 갈 것이다.
他无论多么累, 从来也没有迟到过。 그는 아무리 피곤해도, 여태 지각한 적이 없다.

제2과 연습문제

1. 대화를 듣고 질문에 대한 알맞은 답을 고르시오.

① (　　　　)

A 女的能吃香菜。

B 男的请女的吃饭。

C 女的不太能吃辣的。

② (　　　　)

A 男的不太会点菜。

B 北京菜是以麻辣著称的。

C 女的吃过地道的四川菜。

2. 들려주는 내용과 제시된 문장 내용이 일치하면 'O', 일치하지 않으면 'X'로 표시하시오.

① 中国菜一般可以分为十大菜系。(　　　)

② 在中国，一般北方人喜欢吃面食，而南方人则更喜欢吃米饭。(　　　)

③ 中国南方的气候适合种植小麦，而北方适合稻谷生长。(　　　)

④ 无论在中国的哪个地方，都可以吃到各地多种多样的名菜了。(　　　)

3. 다음 밑줄 친 부분에 알맞은 내용을 채워 넣어 대화를 완성하시오.

> 보기　　A 什么　　　B 终于　　　C 尝尝

① A 今晚就吃四川菜怎么样?
　 B 太好了,今天 _____ 有机会吃到地道的了!

② A 今晚请您 _____ 正宗的中国菜。
　 B 我很想吃中国菜,但没有机会没呢, 谢谢你。

③ A 您有 _____ 不吃的东西吗?
　 B 一般的都没什么问题。不过,我不太喜欢吃香菜。

4. 아래의 단어들을 배열하여 완전한 문장으로 만드시오.

   ❶ 是 米饭 为 主食的 南方人 以
   _____

   ❷ 对 十分 注重 饮食 中国人
   _____

   ❸ 把 自己的饮食文化 带到了 中国各地的人 别的地方
   _____

5. 다음 제시된 표현을 이용하여 중국어로 작문하시오.

   ❶ 오늘 드디어 그를 만날 기회가 생겼다. (有……跟他)
   _____

   ❷ 그는 여행에 흥미가 있으나 나는 운동에 흥미가 있다. (……, 而……则)
   _____

   ❸ 내일 날씨가 좋든 안 좋든, 우리는 등산 갈 것이다. (无论……都)
   _____

6. 제시된 요리에 해당하는 중국어 이름을 〈보기〉에서 골라 적어 넣으시오.

   | 보기 | 炒码面 / 肉泥炸酱面 / 辣椒鸡 / 溜三丝 / 干烹鸡 / 鸡丝面 / 三鲜炸酱面 / 麻婆豆腐 / 糖醋肉 / 八宝菜 |

   ❶ 닭가슴살을 가늘게 채로 썰어 넣고 만든 국수 (   )
   ❷ 돼지고기, 닭고기, 새우, 전복, 죽순, 표고버섯, 해삼 중 3가지와 장을 함께 볶아 만든 국수
      (   )
   ❸ 회향풀, 계피, 산초, 정향, 진피로 향을 낸 간장에 돼지고기를 조린 후 얇게 잘라낸 요리
      (   )
   ❹ 얇게 썬 3가지 재료 위에 전분을 끼얹어서 걸쭉하게 만든 요리 (   )
   ❺ 기름에 튀긴 재료를 간장과 기름을 넣고 강한 불로 살짝 끓여낸 닭고기 요리
      (   )
   ❻ 양념한 닭고기를 튀긴 후, 죽순, 양송이, 표고버섯 등을 함께 넣고 맵게 볶아낸 요리
      (   )

중국문화 산책

중국의 곡예 예술 - 만담(相声)

　중국에서 곡예(한국어의 곡예와 완전히 다른 개념의 예술임)는 각종 극창 예술의 총칭으로 고대 민간의 구전 문학과 극창 예술이 발전 변화하여 형성된 것이다. 곡예는 연기와 동작을 곁들인 사설과 소리로 이야기를 서술하고 사상과 감정을 표현하며 사회 생활을 반영하는 것을 주요 예술 기법으로 하고 있다. 현재 중국에서 유행하는 곡예는 相声(상성), 大鼓(다고), 快板(쾌반), 二人转(이인전), 弹词(탄사), 双簧(쌍황) 등을 포함하여 300여 종이 있는데 그 중에서 사람들로부터 가장 환영을 받는 것은 바로 상성(相声)이다.

　중국의 상성은 언어를 주요 표현 수단으로 하는 희극성 극창 예술로 고대로부터 전해오는 우스갯소리와 민간의 우스갯소리에서 발전해 온 것이다. 현대의 상성은 100여 년 전 북경(北京)과 천진(天津)지역에서 시작된 것이다.

　상성(相声)은 설(说), 학(学), 두(逗), 창(唱)으로 연기한다. 상성의 웃기기 소재는 교묘한 이야기들이 많이 들어 있는 보따리에서 나온다. 보따리란 상성 연기자들끼리 쓰는 은어(각 업종에 종사하는 사람들끼리 쓰는 전문 용어)로 각종 이야기 소재를 물건 포장하듯이 하나하나 쌌다가 때가 되었을 때 턱 하니 풀어놓는다는 뜻이다. 관중의 예상을 뛰어넘으면서도 이치에 맞는 이야기가 보따리에서 튀어나오면 관중들은 웃지 않을 수 없게 된다.

　상성(相声)의 내용은 거의 대부분이 생활 속의 이야기를 소재로 하고 있다. 어떤 것은 민간의 우스갯소리로 엮은 것도 있고 역사적 인물, 고사와 말놀이 등에서 엮어낸 것도 있다. 상성을 공연할 때는 탁자 하나, 부채나 손수건 한 장 등 간단한 도구만 있으면 된다. 한 사람이 하는 것은 단구상성(单口相声)이라 하고 두 사람이 하는 것은 대구상성(对口相声)이라고 한다. 또 세 사람 이상 여러 사람이 함께 하는 것은 군구상성(群口相声)이라고 한다. 그 중에서 가장 많이 공연되는 것은 대구상성이다. 대구상성은 두 연기자가 문답식으로 연기하며 한 사람이 웃기면 다른 한 사람이 받쳐준다.

　유명한 상성연기자로는 마싼린(马三立), 허우바오린(侯宝林), 마찌(马季), 지앙쿤(姜昆) 등이 있다. 대를 이은 상성 연기자들의 노력으로 상성은 지위의 고하를 막론하고 모두 즐기는 전국적인 예술 형식이 되었다.

제3과

图了一时的方便, 反而更麻烦了。

잠시의 편리함을 쫓다가, 오히려 훨씬 귀찮게 되어버렸네요.

1. 병원 진찰 중 사용되는 대화문을 학습하고 그 내용을 토대로 연습해 보자.
2. 중의학에 관련된 지문을 읽고, 중의학에 대한 자신의 의견을 말해 보자.

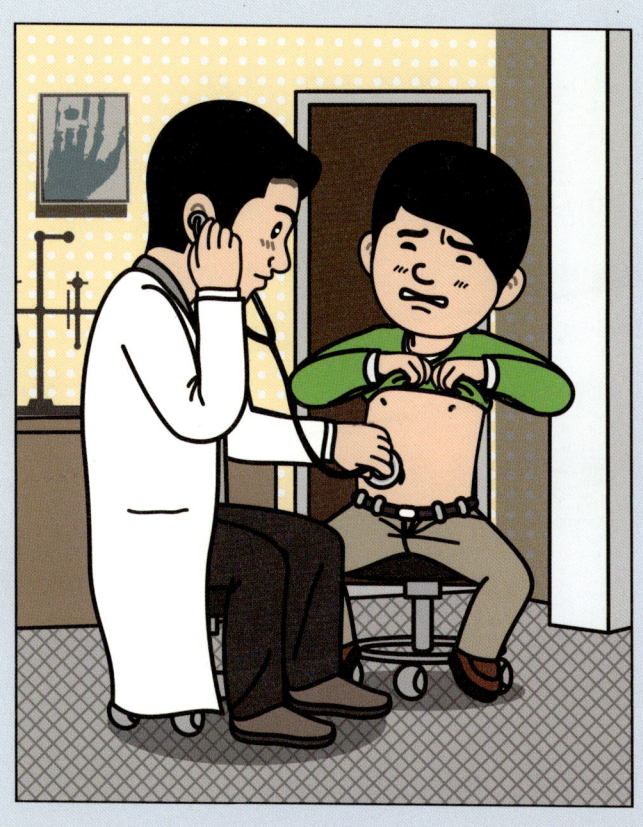

● 최근 어떤 일로 병원을 찾았나요? 의사와 어떤 대화를 나눴나요?

본문1 | 在医院看病

患者：大夫，您好！

医生：你好，哪儿不舒服啊？

患者：我肚子不太舒服。胃疼，总是不想吃东西，有的时候还恶心。

医生：这种情况持续多长时间了？

患者：从早上开始就这样了。我自己买了点治胃疼的药吃了，可是没什么效果。

医生：你这是急性肠炎。是不是吃了什么不干净的东西啊？

患者：哎呀！我早上走得急，来不及吃饭，就在外面的小摊儿上吃了一碗馄饨。

医生：那可能就是这个原因。外面有些露天的小摊儿不太卫生，还是尽量不要去。

患者：您说得对！

医生：我给你开一些口服药，按照剂量，一天吃三次，另外还要打3天吊针。

患者：嗨，图了一时的方便，反而更麻烦了。真不划算啊！

1　患者哪里不舒服？都有什么症状？

2　患者为什么会生病？

3　医生是怎样给患者治疗的？

단어학습

- 患者[huànzhě] [명] 환자, 병자
- 胃疼[wèiténg] 위통
  头疼 두통 腰疼 요통 肚子疼 복통
- 总是[zǒngshì] [부] 늘, 줄곧
- 恶心[ěxin]
  [동] 구역이 나다, 속이 메스껍다
- 持续[chíxù] [동] 지속하다
- 急性[jíxìng] [형] 급성의
- 肠炎[chángyán] [명] [의학] 장염
- 来不及[láibují] [동] 돌볼 틈이 없다, 생각할 겨를이 없다 ↔ 来得及
- 小摊儿[xiǎotānr] [명] 작은 노점
- 露天[lùtiān] [명] 노천
- 尽量[jǐnliàng] [부] 가능한 한
- 开药[kāi yào] [동] 약을 처방하다
- 按照[ànzhào] [전] ~에 의해
- 剂量[jìliàng] [명] [의학] (약의) 조제량
- 另外[lìngwài] [접] 이 외에, 이 밖에
- 打吊针[dǎ diàozhēn] [동] 링거를 맞다
- 图[tú] [동] 바라다, 꾀하다
  [명] 의도, 계획
- 一时[yìshí] [명] 한때, 잠시
- 反而[fǎn'ér]
  [부][접속] 도리어, 오히려
- 划算[huásuàn]
  [형] 수지가 (타산이) 맞다

팔선생 표현학습

1 还是尽量不要去。 되도록 가지 않는 것이 좋겠어요.

'尽量'은 '가능한 한, 되도록, 최대한'의 의미를 지니는 부사이며 '尽可能'의 의미와 비슷하다.

[예] 她英语考试不及格, 很伤心, 你要尽量安慰她。
그녀는 영어시험에 불합격해서 아주 상심해 있으니 당신이 최대한 그녀를 위로해 주세요.
老师让我们尽量多提建议, 提得越多越好。
선생님은 우리보고 가능한 한 더 많은 의견을 내라시면서 많이 낼수록 좋다 했다.

2 按照剂量, 一天吃三次 조제량에 따라, 하루에 세 번 드세요.

'按照'는 전치사로 '~에 따라, 근거하여'로 해석되며, 보통 2음절 이상의 단어와 함께 쓰인다.

[예] 按照老师的要求, 同学们都完成了作业。
선생님의 요구에 따라, 반친구들은 숙제를 완성했다.
按照一般情况来说, 这个时候他应该在办公室。
일반적인 상황에 따르면, 이맘때 그는 사무실에 있다.

3 反而更麻烦了。 오히려 더 귀찮아졌어요.

'反而'은 접속사로 실제 상황이 자신이 예상했던 상황과 상반되는 경우를 나타낼 때 쓰인다.
* 앞절에 '不仅不(/没), 不但不(/没)'와 많이 어울려 쓰인다.

[예] 下雨以后, 天气没凉快, 反而更热了。
비 내린 뒤, 날씨는 선선해지지 않았을 뿐 아니라 오히려 더욱 더워졌다.
王经理的病情不仅没有好转, 反而比以前更严重了。
왕사장의 병은 좋아지지 않았을 뿐 아니라, 오히려 예전보다 더 심해졌다.

본문2

介绍中国的中医

昨天，我的美国朋友安娜病了。我带她去看了中医。中医是指中国的传统医术，和韩国的传统医学"韩医"十分相似。

中医的治疗方法有很多种。其中，最有名的应该算是针灸了。针灸是使用一根根和头发丝一样细的银针扎在病人的身上。安娜说，自己针灸的样子很像一只刺猬。虽然看起来很"可怕"，但它可以通过针扎来刺激人的身体穴位，治疗疾病。中国有句老话叫做"良药苦口利于病"，说的就是中医大夫使用各种草药制作的中药，虽然这种药的味道很苦，但是能够使人恢复健康。外国朋友们都觉得中医非常"神奇"。

1 中医是什么?

2 针灸为什么可以治病?

3 "良药苦口利于病"说的是什么意思?

단어학습

- 中医[zhōngyī] [명][의학] 중국 전통 의학
- 指[zhǐ] [동] 가리키다, 지시하다
- 传统[chuántǒng] [명] 전통 [형] 전통적이다
- 医术[yīshù] [명] 의술, 의료 기술
- 相似[xiāngsì] [형] 닮다, 비슷하다
- 治疗[zhìliáo] [동] 치료하다
- 算是[suànshì] [동] ~인 셈이다, ~으로 치다
- 针灸[zhēnjiǔ] [명사][의학] 침구, 침술
- 根[gēn] [양] 가늘고 긴 것을 세는 단위
- 头发[tóufà] [명] 머리카락, 두발
- 丝[sī] [명] 생사, 날실
- 银针[yínzhēn] [명][의학] 은침
- 扎[zhā] [동] (뾰족한 물건으로) 찌르다
- 刺猬[cìwei] [명][동물] 고슴도치
- 刺激[cìjī] [동] 자극하다 [명] 자극, 충격
- 穴位[xuéwèi] [명][의학] 혈
- 良药苦口利于病 [liángyào kǔ kǒu lì yú bìng] [성어] 좋은 약은 입에 쓰지만 병을 치료하는 데 도움이 된다
- 草药[cǎoyào] [명][의학] 약초
- 制作[zhìzuò] [동] 제작 (제조)하다, 만들다
- 能够[nénggòu] [동] ~할 수 있다
- 恢复[huīfù] [동] 회복하다, 회복되다
- 神奇[shénqí] [형] 신기하다, 기묘하다

팔선생 표현학습

1 和韩国的传统医学"韩医"十分相似。
한국의 전통 의학인 '한의학'과 매우 흡사하다.

> 동등한 두 대상을 연결하는 전치사에는 和/跟/与/同가 있다.
> A和B相似 : A와 B는 흡사하다.
> A跟B差不多 : A와 B는 비슷하다.
> A与B相反 : A와 B가 상반되다.
> A同B无关(→有关) : A는 B와 관련이 없다(있다).

[예] 他和弟弟的年龄相同, 他们是双胞胎。 그와 남동생의 연령은 같으며, 그들은 쌍둥이이다.
我跟姐姐的性格正相反。 나와 언니의 성격은 딱 상반된다.

2 针灸是使用一根根和头发丝一样细的银针扎在病人的身上。
침구는 머리카락처럼 가는 은침 하나 하나를 사용하여 환자의 몸에 찌르는 것이다.

> '在'전치사구는 보어 형태로 동사 뒤에 쓰여 동작의 장소를 나타낸다.
> * 자주 쓰이는 동사는 扔, 坐, 放, 住 등이 있으며, '在' 뒤에 장소를 나타내는 표현이 온다.
>   (명사가 올 경우 뒤에 '上, 下, 中, 里'와 함께 오는 경우가 많다.)

[예] 请你把苹果皮扔在垃圾桶里。 사과껍질을 쓰레기통에 버려 주세요.
三个男同学坐在沙发上一边看篮球比赛, 一边喝啤酒。
세 명의 남학생은 소파에 앉아서 농구 경기를 보면서 맥주를 마신다.

3 虽然这种药的味道很苦, 但是能够使人恢复健康。
비록 이 약의 맛이 쓰지만, 사람을 건강하게 회복시킬 수 있다.

> 전환관계를 나타내는 접속사로 '비록 ~하지만, 그러나'의 의미로 쓰인다. (≒ 尽管)
> * 두 번째 절의 접속사로는 '但是, 可是, 不过, 然而' 등이 쓰일 수 있다.

[예] 汉语虽然很难, 但我一定要坚持学。 중국어는 비록 어렵지만, 난 계속 배울 거야.
虽然他住得比较近, 然而却来得最晚。 비록 그는 가까운 곳에 살지만, 오히려 가장 늦게 왔다.

연습문제

1. 대화를 듣고 질문에 대한 알맞은 답을 고르시오.

❶ (   )

A 女的是医生。

B 男的头疼、发烧了。

C 女的从早上开始就胃疼。

❷ (   )

A 女的让男的打一天吊针。

B 男的得了急性肺炎。

C 男的在小摊上吃了不卫生的东西。

2. 들려주는 내용과 제시된 문장 내용이 일치하면 'O', 일치하지 않으면 'X'로 표시하시오.

❶ 昨天我带美国朋友看了韩医。(   )

❷ 中医和韩国的传统医学"韩医"十分相反。(   )

❸ 中医的治疗方法有很多种, 其中, 最有名的应该算是针灸了。(   )

❹ "良药苦口利于病" 说的就是虽然药的味道很苦, 但是能够使人恢复健康。
(   )

3. 다음 밑줄 친 부분에 알맞은 내용을 채워 넣어 대화를 완성하시오.

| 보기 | A 另外 | B 持续 | C 总是 |

❶ A 你好, 哪儿不舒服啊?
　 B 我肚子不太舒服。胃疼, _____不想吃东西, 有的时候还恶心。

❷ A 这种情况_____多长时间了?
　 B 从早上开始就这样了。我自己买了点治胃疼的药吃了, 可是没什么效果。

❸ A 我给你开一些口服药, 按照剂量, 一天吃三次, _____还要打3天吊针。
　 B 嗨, 图了一时的方便, 反而更麻烦了。真不划算啊!

4. 아래의 단어들을 배열하여 완전한 문장으로 만드시오.

❶ 把   请你   垃圾桶里   苹果皮   扔   在

_____

❷ 很像   自己   针灸   一只   的样子   刺猬

_____

❸ 非常   外国朋友们都   中医   神奇   觉得

_____

5. 다음 제시된 표현을 이용하여 중국어로 작문하시오.

❶ 나는 요며칠 다이어트를 했는데, 오히려 살이 더 쪘다. (反而更……了)

_____

❷ 나와 형의 성격은 정반대이다. (跟……相反)

_____

❸ 비록 이 약의 맛이 쓰지만, 사람을 건강하게 회복시킬 수 있다. (虽然……但是)

_____

★Activity★

신체의 특정 부위가 아파서 병원에 가려고 한다.

어느 병원에 가야 하며, 담당 의사와 어떤 대화를 나눠야 하는지 연습해 보자.

牙疼

头疼
发烧
失眠
流鼻涕

骨折

肚子疼/
拉肚子

嗓子疼
咳嗽

医生 : 你哪儿不舒服?

病人 : _____

_____

_____。

중국문화 산책

중국에서 병원 이용하기

중국병원 종류는 시설조건, 기술수준, 의료서비스 품질 등 종합적인 수준에 근거해 국가위생부에서 1, 2, 3급(3급 병원의 종합수준이 가장 우수함)으로 나눈다. 각 급은 또 다시 갑, 을, 병(갑이 우수)의 세 가지로 나뉘며 1급 병원은 예방, 의료, 보건, 회복 등 서비스를 제공하는데 일반적으로 위생사무소들이다. 2급 병원은 지역병원인데 종합의료위생 서비스를 제공한다. 3급 병원은 높은 수준의 의료위생 서비스를 제공한다.

진료과목은 내과의 경우 중의·서의(中西医)를 막론하고 종합병원이면 어느 곳이나 심혈관(心血管), 소화(消化)과, 호흡(呼吸)과, 노년(老年)과, 혈액(血液)과, 내분비(内分泌) 및 신(肾)과, 풍습(风湿)과, 신경(神经)내과 등으로 세분화되어 있다. 그러므로 예를 들어, 류마티스의 경우에는 풍습과(风湿科)를 찾아가야 한다.

병원에서 진료 세부 프로세서

① 진료실 문 앞에 가면 진료표(挂号)를 뽑는 곳이 있다. 표를 뽑고 대기하다가 의사가 번호를 부르면 진료실에 들어가면 된다.

↓

② 진료를 마치고, 처방전을 들고 계산서를 받는 곳(划价室)에 가서 계산서를 수령한 후, 수납처(收费室)에 수납을 완료한다.

↓

③ 검사실 수납을 끝낸 후, 지정된 검사실에 가서 진단서를 내고 순서를 기다렸다가 검사를 받는다. 검사를 마친 후 반드시 결과가 언제 나오는지 확인한다.

↓

④ 치료실 검사 결과에 따라 치료가 필요한 경우 수납 후에 치료실에 가서 해당 치료를 받는다.

↓

⑤ 약을 처방 받고 병원 내에 있는 약국(药房)에 처방전을 내고 약을 타면 된다.

제4과

你平时有空都做些什么啊?
당신은 평소 시간이 있을 때 무엇을 하세요?

1. 여가생활과 관련된 대화문을 학습하고 그 내용을 토대로 연습해 보자.
2. 현대인의 취미 생활을 소개하는 글을 읽고 자신의 취미를 소개하는 글을 써 보자.

- 주말에 어떤 취미 생활을 즐기시나요?
- 당신 가족의 취미는 무엇인가요?

본문1

关于业余生活的对话

刘晓敏：老张，你这是上哪儿去啊？

张　华：今天是周末，我陪我太太去打乒乓球。

刘晓敏：哟，你们家的业余生活还挺丰富的嘛！

张　华：嗨，我太太喜欢打乒乓球，我喜欢下象棋，我儿子喜欢游泳，真是众口难调啊。

刘晓敏：这样啊，那不如你们全家一起培养一个新的兴趣爱好，这不就全解决啦！

张　华：也对。你平时有空都干些什么啊？

刘晓敏：我啊，平时工作忙，好不容易周末能歇歇，也不想出去运动，就在家养养花，喂喂鸟。

张　华：也挺好的，不仅能丰富生活，还能陶冶性情。哎呀，光顾着说话了，我得赶紧走了，回头见！

刘晓敏：好的，再见。

1　老张的家人都有什么爱好？

2　刘小敏在周末都做些什么？

3　刘小敏的爱好有哪些好处？

단어학습

- 业余[yèyú] [명] 업무 외, 여가
- 嗬[hē] [감탄] (놀라움을 나타내어) 와아! 아! 허!
- 嗨[hāi] [감탄] (남을 부르거나 주의를 환기시킴을 나타내어) 에! 어이! 자! 이봐!
- 众口难调[zhòngkǒu nán tiáo] [성어] 많은 사람들의 구미를 다 맞추기가 어렵다
- 不如[bùrú] [접] ~만 못하다
- 培养[péiyǎng] [동] 배양하다, 양성하다, 육성하다
- 解决[jiějué] [동] 해결하다, 풀다
- 好(不)容易[hǎo(bu)róngyì] [부] 가까스로, 겨우
- 歇[xiē] [동] 휴식하다, 쉬다 ≒ 休息
- 养花[yǎnghuā] 꽃을 가꾸다
- 喂[wèi] [동] 기르다, 사육하다
- 鸟[niǎo] [명] 새, 날짐승
- 不仅[bùjǐn] [접] ~뿐만 아니라
- 光[guāng] [부] 단지, 오로지
- 顾[gù] [동] 돌보다
- 陶冶[táoyě] [동] 도기를 굽고, 쇠붙이를 제련하다 [비유] 도야하다, 갈고 닦다
- 赶紧[gǎnjǐn] [부] 서둘러, 재빨리, 황급히

팔선생 표현학습

1 好不容易周末能歇歇。 간신히 주말에 쉴 수 있다.

'好不容易'는 '가까스로, 겨우, 간신히'의 의미로 쓰이며 '好容易'와도 같은 의미로 쓰인다. 또한 뒤에 부사 '才'와도 함께 잘 쓰인다.

[예] 我跑了好几个书店, 好不容易才买到这本词典。
나는 발품 들여 서점 몇 군데를 다녀서 간신히 이 사전을 샀다.
好容易才得到这么个好机会, 你怎么又要放弃呢?
이렇게 좋은 기회를 간신히 얻었는데, 당신은 어째서 또 포기하려 하나요?

2 不仅能丰富兴趣生活, 还能陶冶人的性情。
취미생활도 풍부하게 할 뿐 아니라, 사람의 마음 수양도 할 수 있다.

접속사 '不仅'은 '~뿐만 아니라'의 의미로 쓰이며 '不仅仅/ 不但/ 不光/ 不单'과 바꾸어 쓸 수 있다. 두 번째 절에는 '而且/ 并且/ 还/ 也'가 이어진다.

[예] 我不仅做完了作业, 而且预习了下一课的课文。
나는 숙제를 완성했을 뿐 아니라, 게다가 다음 과의 본문을 예습했다.
这个小店里什么东西都卖, 不仅有吃的、穿的, 还有用的。
이 가게에는 어떤 물건도 다 판다. 먹을 것, 입을 것만 있는 것이 아니라 쓸 것도 있다.

3 光顾着说话了 말만 늘어놓았네.

부사 '光'은 '오로지, 단지'의 의미로 쓰이며 범위부사 '就, 只, 仅, 仅仅'도 비슷한 의미로 쓰인다.

[예] 吃顿饭就能知道他这个人的特点, 以后吃饭时别光顾着吃了。
밥 한 끼만 먹어도 그의 인격 특징을 알 수 있으니 이후에 밥 먹을 때 오로지 밥만 먹지 말아라.
任务这么重, 光你们两个人恐怕不行。
임무가 이렇게 막중하니, 당신네 둘만으로는 아마 안 될 것입니다.

본문2

现代人的兴趣爱好

现代人的生活、工作十分繁忙，在闲暇的时候人们大多会选择一些自己喜欢的活动，来消除压力放松自己。这些业余生活的种类十分多样。常见的有体育运动、学习技艺、旅游、读书、园艺、集邮、手工艺、钓鱼等等。不过，有些人不愿意和其他人有相同的兴趣，而是希望自己的爱好能够"独树一帜"。比如，饲养壁虎、蜥蜴等特别少见的宠物，进行攀岩、蹦极等刺激的户外活动，甚至是收集各种演出门票等特别的物品。通过在业余时间培养兴趣爱好，不仅能够使我们的身心得到陶冶，而且能够塑造一个人的性格。但是，还是有许多人的生活以工作为中心，所以无法充分享受业余休闲，空闲的时候也只是呆在家里休息。看来要做到工作和业余休闲两不误并不是一件容易的事。

1 常见的业余活动有哪些？

2 不常见的兴趣有哪些呢？说说你知道的特别的兴趣。

3 为什么有些人空闲的时候，也只是呆在家里休息呢？

단어학습

- 繁忙[fánmáng] [형] 일이 많고 바쁘다 忙碌[mánglù]
- 闲暇[xiánxiá] [명] 한가한 시간 ≒ 空闲[kòngxián]
- * 消除[xiāochú] [동] 없애다
- * 放松[fàngsōng] [동] 느슨하게 하다, 이완시키다
- 园艺[yuányì] [명] 원예
- * 集邮[jíyóu] [동] 우표를 수집하다
- * 手工艺[shǒugōngyì] [명] 수공예
- * 钓鱼[diàoyú] [동] 낚시하다
- * 独树一帜[dú shù yí zhì] [성어] 혼자서 하나의 기를 세우다, 독자적으로 한 파를 형성하다
- 技艺[jìyì] [명] 기예, 기술, 기교
- 饲养[sìyǎng] [동] 먹이다, 기르다
- 壁虎[bìhǔ] [명][동물] 도마뱀붙이
- 蜥蜴[xīyì] [명][동물] 도마뱀(류)
- 宠物[chǒngwù] [명] 애완 동물, 반려 동물
- 攀岩[pānyán] [명] 암벽 등반
- 户外[hùwài] [명] 집밖, 야외
- 甚至[shènzhì] [부] 심지어 [접속] ~까지도, ~조차도
- 收集[shōují] [동] 수집하다, 채집하다
- 演出[yǎnchū] [동] 공연하다 [명] 공연
- 物品[wùpǐn] [명] 물품
- * 无法[wúfǎ] [동] 방법이 (방도가) 없다
- * 充分[chōngfèn] [부] 십분, 충분히 [형] 충분하다 [주로 추상적 사물에 쓰임]
- * 享受[xiǎngshòu] [동] 누리다
- * 休闲[xiūxián] [동] 한가하게 지내다
- * 空闲[kòngxián] [명] 여가, 짬, 틈 [동] 한가하다
- * 呆[dāi] [동] 머물다
- * 两不误[liǎngbuwù] 두 방면의 일을 모두 그르치지 않다 (잘 되다)
- 并[bìng] [부] 1. 결코, 전혀, 조금도 2. 함께, 같이, 동시에

팔선생 표현학습

1 甚至是收集各种演出门票等特别的物品。
심지어 각종 공연 입장표 등의 특별한 물품을 모은다.

> '甚至'는 부사로는 '심지어, ~까지도'로 해석되며 뒤에 흔히 부사 '都, 也'가 함께 쓰인다.
> * '甚至'는 복문 두 번째 절 앞에 쓰여 뒤의 상황을 강조하기도 하는데, 이때 앞 절에 '不仅/不光/不但'과 함께 쓰인다.

[예] 他的汉语水平很高, 甚至鲁迅的小说都能看懂。
그의 중국어 수준은 아주 높아, 심지어 노신의 소설까지도 보고 이해할 수 있다.
我们这儿, 不但年轻人, 甚至连七十岁的老人都喜欢下海游泳。
우리 이곳은 젊은이뿐만 아니라 심지어 일흔의 노인조차도 바다 수영을 좋아한다.

2 并不是一件容易的事。
결코 쉬운 일이 아니다.

> '并'은 부사로 '결코, 전혀, 조금도'의 의미를 나타내며, 부정부사 '不/没'의 앞에 쓰여 부정의 어투를 강조한다.

[예] 你说他糊涂, 我看他并不糊涂。
너는 걔가 어리석다고 말하지만, 내가 보기에는 그는 결코 어리석지 않다.
说起来容易, 做起来并不简单。
말하기는 쉽지만, (직접) 하기는 결코 간단한 것이 아니다.

연습문제

1. 대화를 듣고 질문에 대한 알맞은 답을 고르시오.

❶ (　　　　　)
A 女的喜欢打乒乓球。
B 男的喜欢下象棋。
C 男的觉得女的家的业余生活很丰富。

❷ (　　　　　)
A 周末男的在家养花、喂鸟。
B 男的平时工作不太忙。
C 男的好不容易才出去运动。

2. 들려주는 내용과 제시된 문장 내용이 일치하면 'O', 일치하지 않으면 'X'로 표시하시오.

❶ 现代人的业余生活种类不多。(　　　　　)
❷ 现代人中一些人不满足于和其他人的兴趣相同。(　　　　　)
❸ 有许多人的生活是以休闲为中心。(　　　　　)
❹ 做到工作和业余休闲两不误是一件容易的事。(　　　　　)

3. 다음 밑줄 친 부분에 알맞은 내용을 채워 넣어 대화를 완성하시오.

> 보기　　A 挺　　　B 赶紧　　　C 培养

❶ A 今天是周末,去陪我太太打乒乓球。
　 B 你们家的业余生活还 _____ 丰富的嘛!

❷ A 我太太喜欢打乒乓球,我喜欢下象棋,我儿子喜欢游泳,真是众口难调啊。
　 B 这样啊,那不如全家一起 _____ 一个新的兴趣爱好,这不就全解决啦!

❸ A 哎呀,光顾着说话了,我得 _____ 走了,回头见!
　 B 好的,再见。

4. 아래의 단어들을 배열하여 완전한 문장으로 만드시오.

   ❶ 特别的物品   收集   各种   演出门票等   甚至是
   _____

   ❷ 希望   自己的爱好   "独树一帜"   能够   有些人
   _____

   ❸ 无法   充分   许多人   业余休闲   享受
   _____

5. 다음 제시된 표현을 이용하여 중국어로 작문하시오.

   ❶ 우리 집엔 뭐든 다 있어, 먹을 것, 마실 것, 입을 것도 있어. (不仅……还)
   _____

   ❷ 간신히 주말에 좀 쉴 수 있다. (好不容易)
   _____

   ❸ 당신이 가는 것 보다 내가 가는 것이 낫다. (与其……不如)
   _____

★ Activity ★

빈칸에 아래 〈보기〉에 주어진 단어 중 알맞은 단어를 골라 적어 넣으시오.

现代人的生活、工作_____繁忙, 在闲暇的时候人们大多会选择一些自己喜欢的活动, _____消除压力放松自己。这些业余生活的种类十分多样。常见的有体育运动、学习技艺、旅游、读书、园艺、集邮、手工艺、钓鱼等等。不过, 有些人不愿意和其他人有相同的_____, 希望自己的爱好能够"独树一帜"。_____, 饲养壁虎、蜥蜴等特别少见的宠物, 进行攀岩、蹦极等刺激的户外活动, _____是收集各种演出门票等特别的物品。_____在业余时间培养兴趣爱好, _____能够_____我们的身心得到陶冶, _____能塑造一个人的性格。但是, 还是有许多人的生活_____工作_____, 所以无法充分享受业余休闲, 空闲时候也只是呆在家里休息。_____要做到工作和业余休闲两不误_____一件容易的事。

보기	甚至　使　比如　看来　通过　十分　兴趣
	不仅　以……为中心　并不是　来　而且　而是

위에 주어진 〈보기〉의 단어를 바탕으로 자신이 생각하기에 여가 시간을 보내는 가장 이상적인 방법에 대해서 써서 발표해 보자.

중국문화 산책

중국 민간춤 秧歌(양거)

양거(秧歌)는 일명 모내기 춤이라고 하는데 그 중에 산동성(山东省) 지아오저우(胶州)의 양거는 모내기 춤에서 기원된 것이 아니라, 민간 길거리 예술에서 전해져 온 이미 300여 년 역사를 갖고 있는 중국의 전통문화이다. 청나라 초기 마(馬)와 조(趙)씨 성을 가진 두 사람이 유리 걸식하다가 지아오저우(胶州)의 한 작은 마을인 뽀우옌툰(包煙屯)에서 담배를 팔아 생계를 유지, 그 뒤 관동 지역으로 다니면서 노래와 춤으로 돈을 벌었고, 지아오저우로 돌아간 후 후손에게 대대손손 전했다고 한다.

지아오저우 양거는 지아오저우만 일대에서 유행되고 있는 산동 3대 양거 중의 하나이다. 춤사위는 강인, 유력, 편안, 민첩하며, "3가지 굽힘, 9가지 움직임, 18가지 자태"로 되어 춤의 주 포인트는 몸을 비틀거리는 것이다. 비트는 동작은 발바닥이나 발꿈치를 꼬아 동작이 전신에 전달되어 완만한 곡선을 이루는 것이 특징이다.

지아오저우 양거는 1863년부터 춤동작, 노래 가락, 반주 등의 기본 틀을 형성하여 10인조로 북, 북채, 비취, 비녀, 부채녀 등 5개 직업으로 나뉘며, 악기로는 쒀나(唢呐), 꽹과리, 큰 북, 징, 자바라, 소라 등을 사용한다. 1957년 지아오저우 양거가 베이징에서 성공 공연한 후 전국 150개 예술단에서 연이어 지아오저우에 와서 훈련 받았으며, 베이징민족무용단과대학에는 지금도 지아오저우 양거가 필수 과목으로 정해져 있다.

제 5 과

你到哪些地方旅游了?

당신은 어느 지역을 여행했어요?

1. 여행을 주제로 한 대화문을 읽고 그 내용을 토대로 연습해 보자.
2. 중국에서 가 볼 만한 곳을 소개하는 지문을 읽고 자신이 가보고 싶은 곳에 대해 말해 보자.

- 중국에는 명산이 많은데 가장 가보고 싶은 산이 있나요?

본문1 谈旅行

王文思：志勋，你听说了吗？咱们系的同学准备自发组织去旅行。

崔志勋：是吗？我还不知道呢。什么时候去啊？

王文思：听说是下周五。

崔志勋：去哪儿啊？

王文思：好像是去张家界。哎，你来中国这么长时间了，去哪些地方旅游了？

崔志勋：因为我很喜欢登山，所以第一次暑假的时候就去了泰山。

王文思：是吗，早就听说泰山是中国第一名山，不过我还没有机会去呢。

崔志勋：文思，你到哪些地方旅游了？

王文思：因为我比较喜欢有水的地方，所以去了云南的丽江，四川的九寨沟，还有浙江的西湖。

崔志勋：你去的可都是风光秀丽的好地方啊！

王文思：呵呵，要是你有兴趣，下次我们一起去旅游吧！

1. 志勋和文思下星期五要去哪儿？
2. 志勋到哪些地方旅游了？那儿有名吗？
3. 文思到哪些地方旅游了？那些地方怎么样？

단어학습

- 系[xì] [명] 학과, 계통
- 准备[zhǔnbèi] [동] 준비하다
  [명] 준비, 계획, 작정
- 自发[zìfā] [형] 자발적인, 자연적인
- 组织[zǔzhī] [동] 조직하다, 결성하다
  [명] 조직
- 好像[hǎoxiàng]
  [부] 마치 ~과 같다 (비슷하다)
- 张家界[Zhāngjiājiè]
  [명] [지리] 장가계 [장지아지에]
- 哎[āi] [감] (놀람·반가움 등을 나타내어) 어! 야!
- 泰山[Tài Shān]
  [명] [지리] 태산 [타이산]
- 云南(省)丽江市
  [Yúnnán (Shěng) Lìjiāng Shì]
  [명] [지명] 운남(성) 여강시
  [윈난(성) 리장시]
- 九寨沟[Jiǔzhàigōu]
  [명] [지리] 구채구 [지우자이거우]
- 浙江[Zhèjiāng]
  [명] [지리], 절강성 [저지앙성]
- 西湖[Xī Hú] [명] [지리] 시후, 서호
- 可[kě] [부] 매우, 아주
  *강조할 때 쓰임
- 风光[fēngguāng] [명] 풍경, 경치, 풍광
- 秀丽[xiùlì] [형] 수려하다, 아름답다
- 要是[yàoshi] [접속] 만약, 만약 ~이라면
  *주의: 서수표현 第
  [예] 我第一次来上海, 果然是国际城市! 这次考试我得了第一名, 开心极了。

一次 한 번	一天 하루	一名 한 명	十课 열 과
第一次 첫 번째	第一天 첫째 날	第一名 일등	第十课 제10과

팔선생 표현학습

1 好像是去张家界。 아마도 장가계에 갈 거야.

'好像是'는 추측으로 쓰일 때 '~인 듯 하다'의 의미를 나타낸다.
* 추측을 나타내는 다른 부사로는 可能, 也许yěxǔ, 肯定是(강한 긍정의 추측) 등이 있다.

[예] 我好像是在学校见过她。 나는 학교에서 그녀를 본 적 있는 것 같다.
好像不是, 你再去打听一下。 아닌 것 같은데, 당신이 다시 가서 물어보세요.

2 你去的可都是风光秀丽的好地方啊!
당신이 간 곳은 모두 풍경이 수려한 아주 멋진 곳입니다.

부사인 '可'는 구어체에서 흔히 술어 앞에 쓰여, 강조의 어투를 나타낸다.
* '可(以)'를 뜻하는 허가의 의미로 쓰이기도 하며, 可(是)를 뜻하는 강한 반문의 어기로 쓰이기도 한다.

[예] 那个德国人汉语说得可流利了。 그 독일인은 중국어를 아주 유창하게 한다.
学汉语可真不容易啊! 중국어를 배우는 것은 정말 쉽지 않구나!
今天的蔬菜可新鲜呢。 오늘 야채가 아주 신선하네요.

3 …… 去了云南的丽江, 四川的九寨沟, 还有浙江的西湖。
윈난의 리장, 스촨의 지우자이거우와 저장의 시후에 갔었다.

云南的丽江
나시족의 전통 가옥

四川的九寨沟
신비로운 물빛의 향연

浙江的西湖
너무나 아름다운 호수

본문 2

介绍中国的旅游胜地

如果你喜欢旅行，那你一定要去中国看看。在中国，你可以找到各种不同特色的旅游胜地。

喜欢登山的人，可以去中国的五岳——泰山、华山、衡山、恒山和嵩山；喜欢江河湖海的人，可以去中国最大的咸水湖——青海湖、杭州的西湖、海南岛等；如果你喜欢文化古迹，那我就推荐你去西安，那儿曾是中国十三个王朝的都城。而且西安的城墙是中国明代时期修建的，已经有600多年的历史了，是中国至今保存最完整的古代城墙建筑。对中国武术感兴趣的朋友，一定不能错过河南的少林寺，它的武术世界闻名。而且，中国各地都有自己的代表饮食。在旅行的同时，大家还可以品尝各地不同风味的小吃。真是一举两得。

1 去中国旅行的好处是什么？
2 请举例说明中国不同类型的旅游胜地。
3 在中国旅行的同时还可以做什么？

단어학습

- 胜地[shèngdì] [명] 명승지
- 特色[tèsè] [명] 특색
- 五岳[Wǔyuè] [명] 오악 (중국 5대 명산의 통칭)
- 咸水湖[xiánshuǐhú] [명][지리] 함수호, 염호
- 青海湖[Qīnghǎi Hú] [명][지리] 칭하이호
- 海南岛[Hǎinán Dǎo] [명][지명] 하이난섬
- 古迹[gǔjì] [명] 고적
- 推荐[tuījiàn] [동] 추천하다, 소개하다
- 西安[Xī'ān] [명][지리] 시안 (산서(陕西)성의 도시)
- 王朝[wángcháo] [명] 왕조, 조대, 조정
- 都城[dūchéng] [명] 수도
- 城墙[chéngqiáng] [명] 성벽
- 修建[xiūjiàn] [동] 건설하다, 건축하다
- 保存[bǎocún] [동] 보존하다 [명] 보존
- 完整[wánzhěng] [형] 완정하다, 온전하다
- 建筑[jiànzhù] [명] 건축물 [동] 세우다
- 武术[wǔshù] [명][체육학] 무술
- 错过[cuòguò] [동] 놓치다, 엇갈리다
- 河南[Hénán] [명][지리] 허난(河南)성
- 少林寺[Shàolínsì] [명][불교] 소림사
- 世界闻名[shìjiè wénmíng] 세계에 이름(을) 날리다
- 品尝[pǐncháng] [동] 맛보다, 시식(試食)하다
- 风味[fēngwèi] [명] 맛, 색채, 기분, 멋, 풍미
- 一举两得 [yì jǔ liǎng dé] [성어] 일거양득

팔선생 표현학습

1 那儿曾是中国十三个王朝的都城。
그곳은 일찍이 중국 13대 왕조의 수도였습니다.

> 한자는 같지만 의미에 따라 다른 독음으로 읽어야 되는 것이 있다.
> 예를 들어, '都城'의 '都'는 [dū]로 읽는다. 아래는 이와 같은 다음자(多音字)의 예이다.
>
> 睡觉 shuìjiào   视觉 shìjué   休假 xiūjià   真假 zhēnjiǎ
> 生长 shēngzhǎng   长处 chángchù   便宜 piányi   方便 fāngbiàn
> 干净 gānjìng   干什么 gàn shénme   传统 chuántǒng   英雄传 yīngxióngzhuàn

[예] 北京是历代六朝的都城[dūchéng]。 북경은 역대 6왕조의 수도였다.
老师让学生都[dōu]背李白的诗。 선생님은 학생들에게 이백의 시를 외우라고 시키셨다.

2 문장부호 정리

> 句号 (。) : 하나의 문장이 완결되었음을 나타낸다.
> 逗号 (,) : 문장 중간에 쉼을 표시한다.
> 顿号 (、) : 문장에서 병렬 관계의 낱말 혹 구를 나열 시 쓴다.
> 分号 (;) : 병렬 관계에 있는 절을 구분해 준다.
> 冒号 (:) : 해석문이나 인용문을 제시할 때 쓴다.
> 破折号 (——) : 화제를 전환하거나 문장, 단어, 구의 내용을 보충 설명하는 역할을 한다.

[예] 喜欢登山的人,可以去中国的五岳;喜欢江河湖海的人,可以去青海湖、西湖、海南岛等。
등산을 좋아하는 사람은 오악을 갈 수 있으며, 강·하천·호수·바다를 좋아하는 사람은
칭하이후, 시후, 하이난다오 등을 갈 수 있다.
可以去中国最大的咸水湖 —— 青海湖。
중국의 가장 큰 함수호인 칭하이후를 갈 수 있다.

연습문제

1. 대화를 듣고 질문에 대한 알맞은 답을 고르시오.

❶ (   )

A 他们可能是同事。

B 他们可能下星期五去。

C 他们系准备去浙江旅行。

❷ (   )

A 男的去过泰山。

B 女的第一次暑假的时候去了泰山。

C 男的喜欢有水的地方。

2. 들려주는 내용과 제시된 문장 내용이 일치하면 'O', 일치하지 않으면 'X'로 표시하시오.

❶ 如果你喜欢文化古迹, 那我就推荐你去山西, 那儿是中国十三个王朝的都城。(   )

❷ 西安的城墙是中国清代时修建的, 已经有600多年的历史了。(   )

❸ 西安的城墙是中国现今保存最完整的古代城墙建筑。(   )

❹ 对中国武术感兴趣的朋友, 一定要去河南的少林寺, 它的武术世界闻名。(   )

3. 다음 밑줄 친 부분에 알맞은 내용을 채워 넣어 대화를 완성하시오.

| 보기 | A 风光秀丽 | B 好像 | C 因为 |

❶ A 去什么地方啊?

B _____ 是去张家界。哎, 你来中国这么长时间了, 到哪些地方旅游了?

❷ A _____ 我很喜欢爬山, 所以我第一次暑假的时候就去了泰山。

B 是吗, 早就听说泰山是中国第一名山, 不过还没有机会去呢。

❸ A 我比较喜欢有水的地方, 所以去了云南丽江, 四川的九寨沟, 还有浙江西湖。

B 你去的可都是 _____ 的好地方啊!

4. 아래의 단어들을 배열하여 완전한 문장으로 만드시오.

❶ 旅行　准备　系　去　咱们

_____

❷ 代表饮食　中国　都有　各地　自己的

_____

❸ 旅游胜地　你可以　找到　特色的　各种不同

_____

5. 다음 제시된 표현을 이용하여 중국어로 작문하시오.

❶ 나는 학교에서 그녀를 본 적 있는 것 같다. (好像是)

_____

❷ 그 독일인은 중국어를 아주 유창하게 한다. (可)

_____

❸ 북경은 역사상 일찍이 6왕조의 수도였습니다. (都城)

_____

★ Activity ★

아래 제시된 중국지도와 지역별 특징을 살펴보고, 2박3일 일정으로 중국을 여행할 때 어디에 가고 싶은지 발표해 보자.

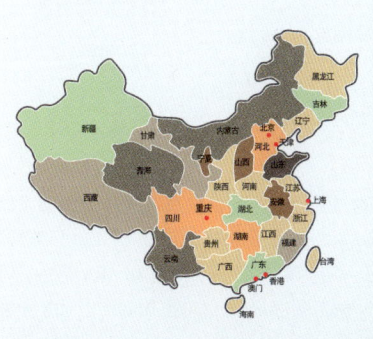

内蒙古 : 有奇特的自然风光和悠久的历史文化, 旅游资源十分丰富。名胜古迹有四大类别 : 陵园古墓、古城遗址、寺庙古塔以及革命家、革命活动遗址。内蒙古的大沙漠、大草原和原始森林是吸引人的自然景点。

北京 : 中国首都
有世界上最大的皇宫紫禁城故宫、祭天神庙天坛、皇家花园北海、皇家园林颐和园, 还有八达岭、慕田峪长城以及世界上最大的四合院恭王府、明十三陵等名胜古迹等等。

安徽黄山 : 三山五岳三山之一
日出, 奇松、怪石、云海、温泉素称黄山"五绝", 令海内外游人叹为观止。

四川 九寨沟 : 以有九个藏族村寨而得名。海拔2000～3000米, 以翠海(高山湖泊)、叠海、彩林、雪山、藏情"五绝"驰名中外, 被誉为"梦仙境"和"童话世界"。

上海 : 中国商业中心
有浦西的外滩和新天地。位于浦东的东方明珠广播电视塔与金茂大厦却呈现出另一番繁华景象、上海环球金融中心等建筑共同组成了全球最壮丽的天际线之一, 而2014年将建成的上海中心, 更会为"东方巴黎"添上灿烂的一笔。

苏州 : "苏州园林甲天下", 苏州园林是建筑、山水、花木、雕刻、书画的综合艺术品, 集自然美和艺术美于一体。苏州旅游景点既有园林之美, 又有山水之胜。

云南 : 从世界园艺博览会举办地的省城昆明, 到"风花雪月"的大理名胜 ; 从高原水城丽江、神奇的"香格里拉"——中旬, 到孔雀漫舞的西双版纳 ; 从"天下一奇观"的石林、千姿百态的元谋土林, 到世所罕见的"三江"并流……这些奇特的山川景色, 如一个天然的自然博物馆。

중국문화 산책

옥을 귀하게 여기는 중국인들

이 세상에서 중국사람들처럼 옥을 귀하게 여기고 좋아하는 사람도 없을 것 같다. 좋고 귀한 것에는 모두 옥(玉)을 붙여 놓았다. 옥(玉)이 들어간 단어는 옥(玉)을 자료로 만든 각종 기물은 물론, 지극히 깨끗하고 아름답고 고귀한 존재를 의미하거나 상대방의 신체나 행동에 대해 경어로 많이 쓰인다. 그 예가 무궁무진하지만 그 중 일부를 아래에 소개한다.

황제의 얼굴 (龙颜 용안)	옥안(玉颜)
황제의 몸	옥체(玉体)
황제의 이	옥치(玉齿)
황제의 손 / 아름다운 손	옥수(玉手)
가냘프고 아름다운 여인의 손	섬섬옥수(纤纤玉手)
소중하고 지켜야 할 법률	금과옥조(金科玉条)
도교의 최고의 신	옥황상제(玉皇上帝)

옥은 대체로 녹색 빛을 띠며, 진하고 맑을수록 그 가치를 인정 받는다. 중국인들은 옥이 몸을 보호해 주는 수호신으로 사고를 예방할 수 있다고 생각한다. 또 악령을 물리쳐 노화를 막는다고 믿는다. 그렇기 때문에 중국인들은 대부분 몸에 옥을 하나씩은 간직하고 다닌다. 좋은 옥일수록, 옥이 클수록 몸을 지켜 주는 힘이 크다고 믿는다. 중국인들은 좋은 옥을 구해 빨간색 실에 꿰어 목걸이를 하거나 팔찌를 하거나 반지를 하는 것을 좋아한다.

我想预订星期五的客房。

저는 금요일 객실을 예약하고 싶은데요.

1. 호텔 예약과 관련된 대화문을 학습하고 그 내용을 바탕으로 연습해 보자.
2. 중국의 서비스 직종에 관련된 지문을 읽고 자신의 견해를 말해 보자.

- 외국 여행 중에 호텔 직원과 대화를 나눠본 적이 있나요?
- 특별한 에피소드는 없었나요?

본문1

预订酒店

小　金：您好，我想订房，麻烦您帮我转一下客房预订部。

前　台：好的，请稍等。

客房部：您好，这里是客房预订部。

小　金：我想预订这个星期五的客房，有双人间吗？

客房部：请问您需要几间？

小　金：需要两间。

客房部：对不起先生，星期五只剩下一个双人间了，每天1150元。不过我们还有单人间，每天750元，您看可以吗？

小　金：没办法，那就订一个双人间和两个单人间吧。

客房部：麻烦您提供一下预订人的姓名、身份证号码和联系方式。

小　金：金新，621232519810518 1557，电话是13812342587。如果需要取消预订的话，怎么办？

客房部：我们会为您将客房保留到星期五下午3点，如果3点之后没有入住，就会自动取消。您也可以打电话取消。预订号码为20120404123。

小　金：好的。如果需要延长保留时间的话，我再给您打电话。

1. 星期五还剩很多双人间吗？剩几间？
2. 双人间和单人间的价格分别是多少？
3. 小金最后预订了哪种房间？

단어학습

- 订[dìng] [동] 예약하다, 주문하다
- 客房[kèfáng] [명] 객방, 객실
- 预订部[yùdìngbù] [명] 예약부
- 双人间[shuāngrénjiān] [명] 더블룸, 2인실
- 需要[xūyào] [동] 필요하다, 요구되다 [명] 요구, 수요
- 剩下[shèngxià] [동] 남다, 남기다
- 单人间[dānrénjiān] 1인실
- 价格[jiàgé] [명] 가격, 값
- 提供[tígōng] [동] 제공하다, 공급하다
- 身份证[shēnfènzhèng] [명] 신분증
- 号码[hàomǎ] [명] 번호, 숫자
- 联系[liánxì] [동] 연락하다, 연결하다
- 取消[qǔxiāo] [동] 취소하다 [명]취소
- 将[jiāng] [전치] ~을 =把 [부] 장차, 곧, 막
- 延长[yáncháng] [동] (주로 거리·시간 등을) 연장하다, 늘이다
  → 缩短[suōduǎn]
- 保留[bǎoliú] [동] 보존하다, 보류하다
- 入住[rùzhù] [동] 입주하다, 숙박하다
- 自动[zìdòng] [형] 자동으로
- 为[wèi] [전치] ~을 위하여, 때문에(원인)
  [wéi] [동] : ~이다 (=是)

팔선생 표현학습

1 麻烦您帮我转一下客房预订部。 객실 예약실에 번호 돌려주시길 부탁드릴게요.

麻烦您帮我…… 표현은 무엇을 부탁할 때 쓰기 좋은 표현으로, 동량보어 '一下'와 자주 결합하여 쓰인다.

[예] 麻烦您提供一下预订人的姓名、身份证号码和联系方式。
예약하시는 분 성명, 신분증 번호와 연락 방법을 제공해 주세요.
麻烦你帮我拿一下行李箱。짐 가방 좀 들어주시길 부탁 드립니다.

2 星期五只剩下一个双人间了。 금요일은 더블 룸이 하나만 남아 있습니다.

'下'는 동사 뒤에 방향보어로 쓰여, 동작의 완성이나 결과가 이미 결정되었음을 나타내기도 한다. [예] 剩下, 留下, 记下

[예] 剩下的时间不多，我们赶紧出发吧。남은 시간이 많지 않으니, 우리 빨리 출발합시다.
妈妈让我把剩下的饭吃光。엄마는 나로 하여금 남겨진 밥을 다 먹게 했다.

3 会为您将客房保留到星期五下午3点
당신을 위해 객실을 금요일 오후 3시까지 남겨두겠습니다.

[전치사 为의 용법]
1) 为[wèi] +대상 (이득을 받는 사람) : ~을 위하여, ~에게
2) 为[wèi] (为了) + 목적 : ~를 (하기) 위하여, 때문에 (원인)

[동사 为의 용법]
1) 为[wéi]=是 : ~이다
2) 동사+为[wéi] : 成为, 变为, 作为, 认为, 以为
   되다, 변하다, 삼다, 간주하다, 잘못 생각하다

[예] 为大家的健康干杯! 모두의 건강을 위하여 건배! [대상]
我们为(了)学汉语来到了中国。우리는 중국어 공부를 위하여 중국에 왔다. [목적]
预订号码为20120404123。예약번호는 20120404123입니다. [为=是]
我的梦想是成为一名伟大的科学家。나의 꿈은 위대한 과학자가 되는 것입니다. [동사+为]

본문2

介绍中国的服务行业

说起中国的娱乐服务行业,最普遍的应该就是中式按摩了。按摩又叫做推拿,历史非常悠久,是中国传统医学的重要组成部分。它使用手指、手掌的力量来按压身体的穴道,可以缓解疼痛,治疗疾病,放松精神。十分适合生活压力大、工作繁忙和用脑过度的人。特别是足底按摩,更是让人感到身心放松,非常舒服。除了按摩,有些人还喜欢和朋友一起去唱卡拉OK。和朋友们一起唱歌不仅可以展示自己的歌喉,而且还可以通过歌声让自己忘记烦恼的事儿,减轻生活压力。不过,服务行业中最受女孩子欢迎的,应该算是美容了。在舒适的环境中,一边听着优美的音乐,一边做着美容,是不是感觉自己变得年轻了好几岁呢?

1 文章中介绍了哪几种娱乐服务行业?

2 中式按摩有哪些作用?适合什么样的人?

3 女孩子们为什么喜欢美容?

단어학습

- 娱乐[yúlè] [명] 엔터테인먼트, 예능, 오락
- 行业[hángyè] [명] 직업, 직종, 업종
- 普遍[pǔbiàn] [형] 보편적인, 일반적인
- 中式[zhōngshì] [형] 중국풍의, 중국식의
- 按摩[ànmó] [동][의학] 안마하다, 마사지하다
- 悠久[yōujiǔ] [형] 유구하다, 장구하다
- 组成[zǔchéng] [동] 짜다, 조성하다
- 使用[shǐyòng] [동] 사용하다, 쓰다
- 手指[shǒuzhǐ] [명][생물] 손가락
- 手掌[shǒuzhǎng] [명] 손바닥
- 力量[lìliang] [명] 힘, 역량, 효력
- 按压[ànyā] [동] (손을 이용하여) 아래로 누르다
- 缓解[huǎnjiě] [동] (정도가) 완화되다, 호전되다
- 疼痛[téngtòng] [형] 아프다
- 治疗[zhìliáo] [동] 치료하다
- 疾病[jíbìng] [명] 병, 질병
- 精神[jīngshén] [명] 정신 [형] 활기차다
- 放松[fàngsōng] [동] 느슨하게 하다
- 过度[guòdù] [형] 과도하다, 지나치다
- 足底[zúdǐ] [명] 발바닥
- 展示[zhǎnshì] [동] 드러내다
- 歌喉[gēhóu] [명] 노랫소리
- 烦恼[fánnǎo] [형] 번뇌하다, 걱정하다
- 减轻[jiǎnqīng] [동] (수량·중량이) 경감하다, 줄다, 감소하다
  ↔ 加重[jiāzhòng]
- 舒适[shūshì] [형] 쾌적하다
- 环境[huánjìng] [명] 환경, 주위 상황 (조건)
- 优美[yōuměi] [형] 우미하다
- 美容[měiróng] [동] 미용하다

팔선생 표현학습

1 它使用手指、手掌的力量来按压身体的穴道
그것은 손가락 혹은 손바닥의 힘을 사용함으로써 몸의 혈을 누르고

'수단, 방법+来+동사구' 구조로 특정 수단, 방법을 통해 어떤 행위를 이끈다는 의미로 쓰인다.

[예] 你最好不要用生日来做银行卡的密码。
너는 생일로 은행카드 비밀번호를 만들지 않는 것이 가장 바람직하다.
我平时用汉语来教韩国学生汉语。
나는 평상시 중국어로 한국 학생에게 중국어를 가르친다.

2 服务行业中最受女孩子欢迎的……
서비스업종 중 여자들에게 가장 인기 있는 것은~

'受+대상+欢迎'은 직역하면 '그 대상에게 환영을 받는다'는 의미로 '인기가 있다'라고 해석된다.

[예] 这个节目很受儿童欢迎。이 프로그램은 아이들에게 인기가 있다.
这个产品很受年轻人欢迎。이 제품은 젊은이들에게 인기가 있다.

3 是不是感觉自己变得年轻了好几岁呢?
자신이 몇 살 더 젊어진 것으로 느끼지 않을까?

정도보어는 형용사(심리·감정 동사)술어로 표현되거나, 상황을 묘사하는 형태로 표현될 수 있다.
变得 很好看。예쁘게 변했다. [형용사술어 형태]
变得 认不出来了。못 알아볼 정도로 변했다. [상황묘사 형태]

[예] 妈妈哭得很伤心。어머니는 아주 슬프게 울었다.
他哭得像个小孩儿一样。그는 아이처럼 울었다.

연습문제

1. 대화를 듣고 질문에 대한 알맞은 답을 고르시오.

❶ (　　　　　)

A 男的需要一个双人间。
B 女的推荐男的一个双人间和两个单人间。
C 男的想预订星期六的客房。

❷ (　　　　　)

A 女的要知道客人的姓名、身份证号码和联系方式。
B 如果男的下午两点以前没有入住的话, 就会自动取消。
C 男的可以打电话取消, 预订号码为20120405124。

2. 들려주는 내용과 제시된 문장 내용이 일치하면 'O', 일치하지 않으면 'X'로 표시하시오.

❶ 说起中国的娱乐服务行业, 最普遍的应该就是泰式按摩了。(　　　　)
❷ 按摩使用手指、手掌的力量来按压身体的穴道。(　　　　)
❸ 推拿可以缓解疼痛, 治疗疾病, 放松精神。(　　　　)
❹ 特别是足底按摩, 更是让人感到身心放松, 非常舒服。(　　　　)

3. 다음 밑줄 친 부분에 알맞은 내용을 채워 넣어 대화를 완성하시오.

| 보기 | A 麻烦 | B 为 | C 剩下 |

❶ A 您好, 我想订房, ＿＿＿＿＿＿您帮我转一下客房预订部。
　 B 好的, 请稍等。

❷ A 对不起先生, 星期五只＿＿＿＿＿＿一个双人间了, 每天1150元。
　　 不过我们还有单人间, 每天750元, 您看可以吗?
　 B 没办法, 那就订一个双人间和两个单人间吧。

❸ A 我们会＿＿＿＿＿＿您将客房保留到星期五下午3点, 如果3点之后没有入住, 就会自动取消。
　 B 好的。如果需要延长保留时间的话, 我再给您打电话。

4. 아래의 단어들을 배열하여 완전한 문장으로 만드시오.

① 让 妈妈 我 把 吃光 剩下的饭

② 伤心 得 姐姐 很 哭

③ 美容 服务行业中 是 最受 欢迎的 女孩子

5. 다음 제시된 표현을 이용하여 중국어로 작문하시오.

① 저를 도와 짐가방 좀 들어주시길 부탁 드립니다. (麻烦你)

② 제일 좋은 것은 생일로 은행카드의 비밀번호를 만들지 않는 것이다. (用……来)

③ 이 제품은 젊은이들에게 인기가 있다. (受……欢迎)

★ Activity ★

website에서 자신이 여행하고자 하는 곳의 호텔을 예약하는 연습을 해 보자.

酒店预订 http://hotel.elong.com/

客房信息

城市：　　　　　　　入住日期：　　　　　　　退房日期：
价格：　　　　　　　星　级：　　　　　　　　房间数量：

* 床型: 大床/双床
* 房间面积: 31平方米　　　　五级/豪华　四级/高档
* 上网方式: 宽带[免费]　　　三级/舒适　经济/客栈
* 其他: 房间内配有传真机、42英寸电视、DVD机;
　　　提供加床, 加床价RMB408.00

入住信息

客人姓名：
联系手机：
E-mail：

중국문화 산책

중국인의 아침 식사

중국은 아침 식사를 보편적으로 아주 간단하게 먹는 편이다. 그리고 특이한 점은 한국은 보통 집에서 아침을 먹는데 중국 사람들은 거의 사 먹는다. 중국 여자들은 거의 맞벌이를 하므로 아침에 밥을 할 시간이 없기 때문이라고 한다.

아침 식사로 먹는 음식은 지역마다 약간의 차이가 있는데 대체로 중국식 꽈배기(油条 요우티아오), 찌엔빙(煎饼), 콩국(豆浆 또우지앙), 샤오롱바오즈(小笼包子), 훈툰(馄饨) 그리고 각종 죽(흰죽, 팥죽 등)이 있다.

① 중국식 꽈배기 요우티아오(油条)

중국인의 아침메뉴 중 아마도 가장 기본이 되는 것은 콩국(豆浆)과 중국식 꽈배기(油条)일 것이다. 콩국은 따뜻한 두유 정도로 생각하면 된다. 요우티아오(油条)는 반죽을 꽈배기 모양으로 꼬아 즉석에서 튀겨서 먹는데, 설탕을 뿌려 먹지 않는 것이 특징이다. 콩국은 약간 밋밋한 맛이지만 기름이 많은 요우티아오(油条)와 함께 먹으면 잘 어울린다. 콩국에 설탕을 넣어 먹기도 하고, 요우티아오에 찍어 먹기도 한다.

② 작은 찜통에 찐 소가 든 만두 – 샤오롱빠오즈(小笼包子)

샤오롱(小笼)이란 만두를 담는 작은 체, 빠오즈(包子)는 만두를 말한다. 즉, 샤오롱빠오즈(小笼包子)란 작은 체에 담겨 나오는 만두란 의미로 중국인의 아침 식사에 빼놓을 수 없는 주요 메뉴 중 하나이다. 만두피에 고기나 야채로 만든 속을 넣고 이를 작은 체에 넣어 쪄내면 바로 샤오롱빠오즈가 된다.

③ 죽 – 쩌우(粥)

죽을 중국에서는 쩌우(粥) 혹은 시판(稀饭)이라고 부른다. 각종 곡물을 물에 불려 푹 삶아 만든 후 파는데, 종류가 다양하기 때문에 골라먹는 재미가 있다. 죽의 종류는 팥죽이 가장 일반적이며 그 외에도 좁쌀죽, 쌀죽, 콩죽, 닭죽 등 다양하다.

이밖에 중국식 만두국인 훈툰(馄饨)이나 순두부국인 떠우푸나오(豆腐脑), 그리고 찻잎을 넣고 삶은 차딴(茶蛋) 등이 중국인이 아침으로 즐겨 먹는 메뉴일 것이다.

我得去陪他找房子。

저는 그를 데리고 집을 찾으러 가야 해요.

1. 집을 찾는 문제와 관련된 대화를 학습하고 그 내용을 토대로 실제 집을 구하는 연습을 해 보자.
2. '누드웨딩'과 관련된 글을 읽고, 자신의 견해를 말해 보자.

- 당신은 어떤 집을 구해서 살고 싶나요?
- 당신이 집을 구할 때 우선 고려되는 기준에는 무엇이 있나요?

본문1

找房子

王文思：志勋，明天有时间吗？和我们一起去逛街吧。

崔志勋：对不起，明天真的不行。我有个韩国朋友来中国留学了，我得去陪他找房子。

王文思：哦，原来是这样啊。最近是淡季，房子可能不太好找啊。

崔志勋：可不是吗。我们昨天去找了一整天，也没有合适的。

王文思：他想在哪儿住啊？

崔志勋：因为他刚来不熟悉，所以想住在学校附近。

王文思：学校附近的房子可不便宜啊。

崔志勋：是啊，房子合适的，价格太贵；价格合适的，房子又不怎么样。

王文思：哎，有办法了！你可以帮他找中国朋友一起合租啊！

崔志勋：哈哈，这真是个好办法！我怎么没想到呢！

王文思：合租的话既可以节省租金，又可以和中国朋友练习口语！

崔志勋：嗯！我这就去告诉他！

1　志勋明天要去做什么？

2　志勋觉得学校附近的房子怎么样？

3　最后志勋决定怎么帮朋友？这么做有什么好处？

단어학습

- 逛街 [guàngjiē] 거리를 돌아다니다
- 房子 [fángzi] [명] 집, 건물
- 原来 [yuánlái]
  [부] 원래, 본래, 알고 보니
  [형] 고유의, 원래의, 본래의
- 原来是这样啊。= 原来如此 yuánlái rúcǐ 어쩐지(알고보니 이랬구나)
- 淡季 [dànjì] [명] 비수기, 불경기 시즌
  ↔ 旺季 [wàngjì]
- 旅游淡季 [lǚyóu dànjì] 여행 비수기
- 可不是吗 = 可不是嘛 = 可不是 당연하지
- 熟悉 [shúxī] [형] 잘 알다, 익숙하다
- 不怎么样 [bù zěnmeyàng] 그저 그렇다
- 合租 [hézū] [동] 공동 임대(하다)
- 没想到 [méixiǎngdào] 생각지도 못하게
- 既 [jì] [접속] ~할 뿐만 아니라, ~ 뿐더러
- 节省 [jiéshěng] [동] 아끼다, 절약하다
- 租金 [zūjīn] [명] 임대료, 임대 수입

팔선생 표현학습

1 我有个韩国朋友来中国留学了。 내 한국친구 하나가 중국으로 유학 왔거든.

'有/没有'의 목적어는 문장에서 겸어(兼语)가 되기도 한다.
我有一个韩国朋友。
    一个韩国朋友来中国留学了。

[예] 我有一个朋友叫民国。 나는 이름이 민국이라는 친구가 하나 있다.
有一个人在外边儿等你。 밖에서 당신을 기다리는 사람 한 명이 있습니다.

2 最近是淡季, 房子可能不太好找啊。 요즘은 비수기니까, 집 구하는 것이 아마 쉽지는 않을 거야.

형용사 '好'가 일부 동사 앞에 쓰일 때는 '~하기가 쉽다'는 의미로 쓰인다.
※ 일부 동사 앞에 쓰여 효과가 좋음을 나타내기도 한다. 好吃(맛있다), 好听(듣기 좋다)

[예] 这条路好走吗? 이 길은 다니기 편한가요?
"羡慕"这两个字不太好写。 '羡慕'이 두 글자는 쓰기 그다지 쉽지 않다.

3 合租的话既可以节省租金, 又可以和中国朋友练习口语! 집을 함께 세 들어 살면 돈도 아낄 수 있고, 또 중국친구랑 말하기 연습도 할 수 있잖아!

'既……又'는 병렬관계를 나타내며, 동시에 두 가지 성질이나 상황을 지니고 있음을 나타낸다.
앞 절과 뒤 절의 구조는 같아야 하며, 又……又보다 서면어이다.

[예] 既可以游览名胜古迹, 又可以吃到很多地道的菜。
명승고적을 구경할 수 있을 뿐만 아니라, 많은 본토 음식을 먹을 수도 있다.
他既不懂英语, 又不懂韩语, 我们只能用汉语来谈话。
그는 영어를 못할 뿐 아니라 한국어도 못해서, 우리는 중국어로만 이야기한다.

본문2 | "裸婚"

昨天我去银行存钱的时候，遇见了以前的同事小金。我们聊了几句，他说他今年秋天就要结婚了，可是，他看起来却不怎么开心。我问他怎么回事儿，他说，马上要结婚了，可是结婚的房子还没买，正在担心呢。

中国在改革开放以后，特别是最近的十几年，房价一直很贵，而且还在继续上涨。甚至一些年轻人，由于房子的问题都没办法结婚。因为大部分女孩子都希望男朋友能有自己的房子，而且她们觉得租房子既不划算，又没有安全感。为了解决这个问题，大部分人只好去银行贷款买房。但是，也有的年轻人选择"裸婚"。"裸婚"的意思是不买房子，不买车，也不举办婚礼，只领结婚证，简简单单地结婚。不过，能接受"裸婚"的女孩子还是不多。

1 小金因为什么事儿担心?

2 中国的房价怎么样? 大部分人怎样解决买房的问题?

3 "裸婚"是什么意思?

단어학습

- 存钱 [cúnqián] [동] 저축하다, 모으다
- 遇见 [yùjiàn] [동] 우연히 만나다, 마주치다
- 却 [què] [부] 오히려
- 担心 [dānxīn] [동] 염려하다, 걱정하다
- 改革 [gǎigé] [동] 개혁하다 [명] 개혁
- 开放 [kāifàng] [동] 개방하다
- 房价 [fángjià] [명] [경제] 집 (건물) 가격
- 上涨 [shàngzhǎng] [동] (수위·물가 등이) 오르다
- 年轻人 [niánqīngrén] [명] 젊은 사람, 젊은이
- 租 [zū] [동] 세내다, 임차하다 [명] 세(貰), 임대료
- 安全感 [ānquángǎn] [명] 안도감
- 解决 [jiějué] [동] 해결하다, 풀다, 없애다
- 只好 [zhǐhǎo] [부] 할 수 없이, 어쩔 수 없이
- 贷款 [dàikuǎn] [동] 대출하다 [명] 대출
- 裸婚 [luǒhūn] [부] 신혼집과 결혼식, 신혼여행, 결혼반지 없이 두 남녀가 법률상 혼인 신고 절차만을 밟은 채 부부의 인연을 맺는 것을 뜻한다.
- 举办 [jǔbàn] [동] 거행하다, 개최하다, 열다
  举办讲座 강좌를 열다
  举办车展 자동차 전시회를 열다
- 领 [lǐng] [동] 수령하다, 영수하다, 받다
- 结婚证 [jiéhūnzhèng] [명] 혼인증서
- 接受 [jiēshòu] [동] 받아들이다, 받다

팔선생 표현학습

1 他说他今年秋天就要结婚了, 可是, 他看起来却不怎么开心。
그는 올 가을 결혼한다고 했는데 오히려 그다지 기쁜 것 같지 않아 보였다.

> 부사 '却'는 전환을 나타내는 부사로 뒤 절 술어 앞에 쓰인다.
> * 뒤 절의 문미에는 '可是, 但是, 不过' 등 전환관계 접속사와 호응하는 경우가 많다.

[예] 我有许多话要说, 一时却说不出来。 나는 할말이 많았는데, 순간적으로 오히려 말이 나오지 않았다.
虽然也有点儿想家, 但是我却不感到寂寞。
비록 집이 좀 그립기는 하지만 나는 오히려 쓸쓸하게 느껴지지는 않는다.

2 大部分人只好去银行贷款买房。
대부분의 사람들은 하는 수 없이 은행에 가서 대출 받아 집을 산다.

> '只好'는 부사로 '하는 수 없이'를 나타낸다. 비슷한 의미로는 '不得不, 只能' 등이 있다.

[예] 我不小心丢了身份证, 只好补办一个。
나는 조심하지 않아 신분증을 잃어버려서, 어쩔 수 없이 다시 만들어야 한다.
如果你想去看电影, 只好排队买票。
만약 당신이 영화를 보러 가고 싶다면, 어쩔 수 없이 줄 서서 표를 사야만 합니다.

3 简简单单地结婚。 조촐하게 결혼한다.

> 중첩된 형용사가 부사어로 쓰일 때는 구조조사 '地'를 반드시 함께 써야 한다.

[예] 我父母的愿望就是我们快快乐乐地生活下去。
내 부모님의 바람은 우리가 즐겁게 생활해나가는 것입니다.
他大大方方地走上讲台了。 그는 대범하게 강단으로 올라갔다.

연습문제

1. 대화를 듣고 질문에 대한 알맞은 답을 고르시오.

   ❶ (　　　　)

   A 女的要找自己住的房子。
   B 明天男的跟女的一起去逛街。
   C 淡季的时候, 房子可能不太好找。

   ❷ (　　　　)

   A 男的朋友想住在老师家附近。
   B 学校附近的房子很便宜。
   C 价格合适的, 房子不好。

2. 들려주는 내용과 제시된 문장 내용이 일치하면 'O', 일치하지 않으면 'X'로 표시하시오.

   ❶ 小金打算今年秋天要结婚。(　　　　)
   ❷ 小金已经买好了房子。(　　　　)
   ❸ 大部分的女孩子觉得租房子既不划算, 又没有安全感。(　　　　)
   ❹ 能接受裸婚的女孩子还是很多。(　　　　)

3. 다음 밑줄 친 부분에 알맞은 내용을 채워 넣어 대화를 완성하시오.

   | 보기 | A 没想到 | B 熟悉 | C 可 |

   ❶ A 哦, 原来是这样啊。最近是淡季, 房子可能不太好找啊。
     B ＿＿＿＿＿＿ 不是吗。我们昨天去找了一整天。也没有合适的。

   ❷ A 他想在哪儿住啊?
     B 因为他刚来不＿＿＿＿＿＿, 所以想住在学校附近。

   ❸ A 这真是个好办法! 我怎么＿＿＿＿＿＿呢!
     B 合租的话既可以节省租金, 又可以和中国朋友练习口语!

4. 아래의 단어들을 배열하여 완전한 문장으로 만드시오.

❶ 却　高兴　那么　没　看起来　他

_____

❷ 上涨　继续　还在　物价

_____

❸ 买房　贷款　大部分人　去银行　只好

_____

5. 다음 제시된 표현을 이용하여 중국어로 작문하시오.

❶ 바깥에 당신을 기다리는 사람 한 명이 있습니다. (有……等)

_____

❷ 요즘은 비수기니까, 집 구하는 거 아마 쉽지는 않을텐데. (好找)

_____

❸ 함께 세 들어 살면 돈도 아낄 수 있고, 또 중국친구랑 말하기 연습도 할 수 있잖아! (既……又)

_____

★Activity★

'裸婚'에 대한 아래의 글을 읽고, 자신의 생각을 중국어로 써서 발표해 보자.(분량은 한 단락)

뤄훈(裸婚) : 현실에 타협할 것인가 아니면 사랑 지상주의를 선언할 것인가?

드라마 '뤄훈시대(裸婚时代)'가 인기리에 방영되면서 뜨거운 화제로 부각된 뤄훈은 결혼식도 혼수도 없이 단순히 두 사람 간의 사랑만으로 결혼신고만 하고 같이 사는 것을 말한다. 뤄훈은 집도 없고 결혼식도 올리지 않은 채 가정을 이루는 획기적인 결혼방식이라고 할 수 있다. 이런 결혼방식은 결혼의 본연의 의미로 돌아간 것이긴 하나 패스트푸드식 번개 결혼으로 변하기 쉽다는 우려도 낳고 있다. 그저 결혼신고에 드는 비용 9위안만 들이면 부부가 될 수 있다는 것만으로 이들 마음속에 책임감이 다소 부족해질 수도 있는 것이다.

중국문화 산책

중국의 대입 시험 제도

중국에서는 국가의 교육행정부문 즉 교육부가 통일적으로 학생모집 계획을 결정한다. 학생모집 계획은 크게 2가지로 나뉘는데, 첫째는 당해 년도 전체 학생수이며, 둘째는 대학의 지역별 학생수 할당이다. 이때 고려되는 것은 각 성(자치구, 직할시)의 인재 수요 상황, 대학 지원자수 및 지원자의 성적 등을 고려하여 각 성에서 제정한 계획을 교육부가 종합, 심사해서 다시 각 성에 내려 보내는 것을 말한다.

중국의 대학에는 국가 전체를 대상으로 학생을 모집하는 학교, 자기 성(省)을 대상으로 하여 학생을 모집하는 학교 등이 있다. 국가 전체를 대상으로 하여 학생을 모집하는 학교의 경우는 학교수준에서 학생모집 계획을 수립할 때 지역별로 받아들일 학생의 수를 할당하여 각 지역에 통보하게 된다. 예를 들어 베이징대학이 있다면 '베이징 지역 200명, 상하이 지역 150명, 광동성 100명, 지린성 110명' 하는 식으로 받아들일 학생수를 배정하게 된다. 이것을 중국에서는 "지표(指標)"라고 부르는데 이 지표에 의거해서 각 지역에서는 학생을 해당 대학에 보내게 된다. 대학이 이러한 지표를 결정하는 기준은 다음과 같다.

학교의 교무처에서 기존의 관례에 따라 각 성에 받아들일 학생수를 할당하게 되는데 이때 기준이 되는 것은 그 전 해에 입학한 학생의 성적과 직전 해의 입학 달성률을 고려하게 된다. 예를 들어 한 지역에 지표 100명을 주었는데 입학사정 과정에서 90명밖에 합격이 되지 않았다면 이것이 그 다음 해의 지표설정에 영향을 끼치게 되는 것이다. 한편 각 학교는 지표를 줄 때 학교수준의 합격규제선을 함께 둔다. 이때 합격규제 점수는 지역마다 차이가 나게 되고, 이런 이유로 한 대학 안에서도 지역별로 합격점수선, 즉 커트라인이 달라지는 현상이 나타나게 되는 것이다.

중국의 경우 대학입학 전형 단계를 보면 특차, 1, 2, 3차 전형의 4가지 전형 방법이 있다. 여기서 특차 전형의 경우는 특정 학교 예를 들면 공안, 군사 등 특정 목적의 학교들에 대해서 실시되고 있다. 따라서 중국에서 본격적으로 일반 학생을 대상으로 하는 선발과정은 1차 전형 때부터라고 볼 수 있다. 그런데 중국의 입학시험제도는 한 가지 특이한 제도를 가지고 있는데 전형단계가 학교의 수준에 따라 결정되어 있다는 점이다. 예를 들어 1차 전형의 경우는 국가중점대학만이 1차 전형학교가 될 수 있다. 국가중점대학이 중국의 유수한 대학을 망라하고 있다고 할 때 결국 우수한 대학은 1차 전형에 모두 포함되어 있다고 할 수가 있는 것이다. 2차 전형학교는 중점대학이 아닌 일반 대학이 그 대상이 되고 있고, 그 수도 대단히 많다. 3차 전형은 주로 전문대학과정이 그 대상이 되고 있다. 이렇게 학교수준에 따라 전형단계를 분류한 이유는 국가중점대학은 전국을 대상으로 하여 학생을 모집하기 때문이고, 2차 전형에 해당되는 일반 대학은 일부 전국모집의 학교도 있지만 일반적으로 자기가 속해있는 성(省) 지역에 한정해서 학생을 모집하기 때문에 이런 전형단계를 가지게 된 것이 아닌가 생각된다. 당연히 2차 전형을 하고 있는 일반 대학은 전국을 대상으로 학생을 모집하지 않기 때문에 학교의 수준도 떨어지고 있다.

제8과

有我帮你讲价，不会受骗的。

당신을 도와 값을 흥정할 제가 있기에 사기 당할 일이 없을 거예요.

1. 물건 구입과 관련된 대화문을 읽고 그 내용을 바탕으로 물건 사는 연습을 해 보자.
2. 스마트하게 물건을 사는 방법에 관련된 지문을 읽고 자신의 경험을 말해 보자.

● 물건을 살 때 보통 가격을 흥정하고 구입하나요?

购物

崔志勋：文思，这么巧啊！

王文思：是啊，你也出来逛街吗？

崔志勋：嗯，家里的音响坏了，今天来看看有没有合适的，再买一台。

王文思：我正好也要去中关村买电脑键盘，要不我们一起去？

崔志勋：那可太好了，我正好不太懂电子产品，你陪我一起挑挑吧。

王文思：中关村有北京最大的电子产品市场，在全国也很有名。在那儿一定能找到你满意的！

崔志勋：其实我也不想买太贵的，只要质量好，价格适中就可以了。

王文思：没错。再说了，现在的东西淘汰得太快了，只是外表好看可不行啊。

崔志勋：嗯。对了，我中文不太好，该不会受骗吧？

王文思：放心，有我帮你讲价，不会受骗的。

崔志勋：等会儿我们先去电子大厦一楼看看吧，听说那儿正在打折呢！

1　王文思和崔志勋准备买什么？

2　他们决定去哪儿？

3　王文思担心什么？

단어학습

- 巧[qiǎo] [형] 정교하다, 공교롭다, 꼭 맞다
- 音响[yīnxiǎng] [명] 음향, 음향 기기
- 中关村[Zhōngguāncūn] [명][지역명] 중관촌
- 键盘[jiànpán] [명] 키보드(keyboard)
- 要不[yàobù] [접속] 그렇지 않으면, 하거나, ~하든지
  ≒ [要不然(yàobùrán)]
- 电子产品[diànzǐ chǎnpǐn] [경제] 전자제품
- 挑[tiāo] [동] 고르다, 선택하다
- 全国[quánguó] [명] 전국, 나라 전체
- 其实[qíshí] [부] 사실
- 只要[zhǐyào] [접] ~하기만 하면
  * 일반적으로 뒤에 就와 호응된다.
- 质量[zhìliàng] [명] 질, 품질
- 适中[shìzhōng] [형] 정도가 알맞다
- 再说[zàishuō]
- [접] 게다가, 더구나, 하물며
- 淘汰[táotài] [동] 도태하다
- 外表[wàibiǎo] [명] 겉모습, 외모, 외관
- 受骗[shòupiàn] [동] 사기를 (기만을) 당하다, 속다
  ≒ 上当[shàngdāng]
- 大厦[dàshà] [명] 빌딩, (고층·대형) 건물
- 打折[dǎzhé] [동] 할인하다, 디스카운트하다

팔선생 표현학습

1 要不我们一起去? 아님 우리 같이 갈까?

'要不'는 접속사로 '~하거나, 아니면'의 의미를 나타내며, '要不然, 否则 fǒuzé'와 비슷한 의미와 용법으로 쓰인다.

[예] 你打电话叫他来, 要不我去一趟也行。
네가 전화해서 그 사람한테 오라 하던지, 아니면 내가 가도 된다.
你洗洗手再吃饭, 要不会生病的。 너는 손을 씻고 밥을 먹어야지 아니면 병 걸릴 거야.

2 只要质量好, 价格适中就可以了。 품질이 좋고 가격이 적당하면 돼.

'只要'는 접속사로 '~하기만 하면 ~하다' 라는 의미로 조건 절을 이끈다.
* 앞절에 '只要'를 쓰며, 뒤 절에 부사 '就'와 함께 쓰인다. [비교] 只有……, 才……

[예] 只要功夫深, 铁杵磨成针 zhǐyào gōngfu shēn, tiěchǔ móchéng zhēn 지성이면 감천이다.
공을 들여 열심히 노력하면 절굿공이도 갈아서 바늘을 만들 수 있다.
[비유] 사람이 의지가 있고 시간을 들이기만 하면 반드시 일을 성공할 수 있다.
只要你努力, 就一定能学好汉语。 노력하기만 하면 반드시 중국어를 마스터 할 수 있다.

3 再说, 现在的东西淘汰得太快了 게다가, 요즘 물건은 금방 도태되니까

'再说'는 접속사로 '게다가, 더구나, 하물며'의 의미로 앞 절의 내용에 추가 설명하여, 주장을 더 설득력 있게 하는 표현이다. [유의어] '况且 kuàngqiě, 而且' 보다 어기가 강함.

[예] 这篇文章不长, 再说内容也不难, 我想一个下午就可以翻译完。
이 글은 길지 않고, 게다가 내용 또한 어렵지 않아서, 내 생각에는 한나절이면 번역을 끝낼 수 있다.
这件事让他去办吧, 再说你也实在抽不出时间。
이 일은 그 사람 보고 하라 하자. 더군다나 너도 정말 시간을 낼 수 없잖아.

본문2
怎样做一个聪明的消费者

如果你是一个外国人，那么，在中国购物的时候可一定要注意。中国人在做买卖的时候，大部分是需要讨价还价的。今天就教大家几招讨价还价的好方法。

首先，明确自己要买的东西，多逛逛，比较各家店铺的价格。遇到还算满意的东西先不要急着购买。即使你很想买一样东西，也不要对它赞不绝口。店主总是会一个劲儿地夸自己的商品，但任何商品都不可能十全十美。这就给你讨价还价提供了充分的理由；其次，讨价还价还需要经验。而且不要因为讲价而觉得丢面子，否则买回家的东西可能比它的实际价格贵很多。不过，以上的方法在专卖店和大型商场可不适用哦！

1 中国人做买卖的时候喜欢做什么？

2 在讨价还价的时候应该怎么做呢？

3 在所有的地方都可以讨价还价吗？

단어학습

- **购物**[gòuwù]
  [동] 물품을 구입하다, 물건을 사다
- **买卖**[mǎimài]
  [명] 사업, 장사, 매매, 거래
- **讨价还价**[tǎo jià huán jià]
  [성어] 값을 흥정하다
- **首先**[shǒuxiān] [대] 첫째(로), 먼저
  *열거에 쓰임
- **其次**[qícì] [대] 다음, 그 다음, 두 번째의 것
- **明确**[míngquè] [동] 명확하게 하다, 확실하게 하다
- **店铺**[diànpù] [명] 상점, 가게, 점포
- **遇到**[yùdào] [동] 만나다, 마주치다, 부딪치다
- **即使**[jíshǐ] [접속] 설령 ~하더라도
- **赞不绝口**[zàn bù jué kǒu]
  [성어] 칭찬하여 마지않다
- **店主**[diànzhǔ]
  [명] (가게의) 주인, 점주
- **一个劲儿**[yígejìnr]
  [부] 끊임없이, 시종일관
- **夸**[kuā]
  [동] 칭찬하다, 과장하다, 자랑하다
- **任何**[rènhé] [대] 어떠한, 무슨
- **十全十美**[shí quán shí měi]
  [성어] 모든 방면에 완전무결하여 나무랄 데가 없다
- **提供**[tígōng] [동] 제공하다, 공급하다
- **经验**[jīngyàn] [명] 경험, 체험
  [동] 몸소 경험하다[겪다], 직접 체험하다
- **讲价**[jiǎngjià] [동] 값을 흥정하다
- **丢面子**[diū miànzi] [동] 체면을 잃다
- **否则**[fǒuzé]
  [접] 만약 그렇지 않으면
- **实际价格**[shíjì jiàgé] 실가
- **适用**[shìyòng] [형] 사용에 적합하다
- **专卖店**[zhuānmàidiàn]
  [명] 전문 매장
- **大型商场**[dàxíng shāngchǎng]
  대형 쇼핑몰

팔선생 표현학습

1 遇到还算满意的东西先不要急着购买。
그럭저럭 마음에 드는 물건을 만나더라도 먼저 급하게 사지 마십시오.

> 'A+着+B'는 A 상태에서 동작 B를 하는 것을 뜻한다.

[예] 他一进门就急着问："你拿到成绩单了吗?"
그는 문에 들어서자마자 급히 묻기를 "너 성적표 받았니?"
我最近整天忙着工作, 可累了!
나는 요즘 하루 종일 바쁘게 일해서 정말 피곤해!

2 即使你很想买一样东西, 也不要对它赞不绝口。
설령 당신이 어떤 물건을 사고 싶다 하더라도, 그것에 대해 칭찬하지 마십시오.

> 접속사 '即使'는 앞 절에 쓰여 '설령 ~하더라도(할지라도·일지라도)'로 해석되며, 가설 겸 양보를 나타낸다. 뒤 절에는 보통 부사 '也'·'还' 등과 함께 쓰인다.

[예] 即使星期天, 他也要去上班。 일요일지라도 그는 출근하러 가야만 한다.
即使他不同意, 我们也应该这样做。 설령 그가 동의하지 않을지라도, 우리도 이렇게 해야만 한다.

3 任何商品都不可能十全十美 어떠한 상품도 완벽할 리 만무합니다.

> '任何'는 대명사로 '어떠한'의 의미로 뒤에 명사를 수식하며, 주로 '都'와 호응한다.

[예] 任何植物都不能离开阳光。 어떤 식물도 햇빛 없이 살 수 없다.
任何国家都有自己的传统文化。 어떠한 국가도 자신의 전통문화를 가지고 있다.

연습문제

1. 대화를 듣고 질문에 대한 알맞은 답을 고르시오.

❶ (   )
A 女的想买电脑键盘。
B 他们打算去中关村。
C 中关村有北京最大的服装市场。

❷ (   )
A 男的觉得现在的东西淘汰得很慢。
B 女的想买外表最好看的。
C 男的有自信讲价。

2. 들려주는 내용과 제시된 문장 내용이 일치하면 'O', 일치하지 않으면 'X'로 표시하시오.

❶ 如果你是外国人的话,要学会讨价还价的。(   )
❷ 如果你遇到满意的价格最好要急着购买。(   )
❸ 顾客要对满意的东西赞不绝口。(   )
❹ 讨价还价不要觉得丢面子,否则买回家的东西可能比它的实际价格贵很多。(   )

3. 다음 밑줄 친 부분에 알맞은 내용을 채워 넣어 대화를 완성하시오.

| 보기 | A 受骗 | B 只要 | C 正好 |

❶ A 我 _____ 也要去中关村买电脑键盘,要不我们一起去?
  B 那可太好了,我正好不太懂电子产品,你陪我一起挑挑吧。

❷ A 中关村有北京最大的电子产品市场,在全国也很有名。在那儿一定能找到你满意的!
  B 其实我也不想买太贵的, _____ 质量好,价格适中就可以了。

❸ A 没错。再说,现在的东西淘汰得太快了,只是外表好看可不行啊。
  B 嗯。对了,咱俩都是女孩儿,该不会 _____ 吧?

4. 아래의 단어들을 배열하여 완전한 문장으로 만드시오.

　❶ 有　中关村　北京最大　电子产品　市场　的

　❷ 遇到　价格　还算　先不要　急着　满意的　购买

　❸ 十全十美　任何　不可能　都　商品

5. 다음 제시된 표현을 이용하여 중국어로 작문하시오.

　❶ 당신이 노력하기만 하면, 반드시 중국어를 마스터 할 수 있다. (只要……就)

　❷ 이 일은 그 사람 보고 하라 하자. 게다가 너도 정말 시간을 낼 수 없잖아. (再说)

　❸ 일요일지라도, 그는 출근하러 가야만 한다. (即使……也)

★ Activity ★

한국에 여행 온 중국 관광객에게 제시된 아래의 상품을 팔아 보자.

* 한 명은 중국 관광객 역할을 하고, 나머지 3개 팀으로 나눈다.
* 3개 팀은 특장점, 가격적인 면, 서비스적인 면을 충분히 어필하여 자신의 상품을 소개한다.
* 중국 소비자는 1개의 상품만 선택할 수 있다.

　[1] 전통 황토방 체험 상품권
　[2] 한국전통 식사 상품권
　[3] 남녀 개량 한복 한 벌

중국문화 산책

80년대 소황제의 자녀 출생과 사회적 문제

    1970년대부터 거론되고 1980년대에 본격적으로 중국 공산당이 도입한 1자녀 정책(计划生育政策 부부 당 자녀 한 명만 낳을 수 있음)으로 탄생한 것이 바로 부모의 애정을 독차지한 '소황제(小皇帝) 세대'다.

    그리고 2010년 전후로 결혼 적령기가 된 '소황제 세대'들이 결혼해 '소황제 2세'가 태어나 새로운 사회 현상을 야기하고 있다.

    형제의 정을 알지 못하고 부모의 사랑을 독차지한 채 자란 이들 '소황제 세대'는 이기적이거나 비협조적인 태도, 사회에 대한 부적응 등으로 많은 비난을 받아 왔다. 하지만 이들의 자녀들인 '소황제 2세'들은 한층 더 심각한 사회 문제를 일으킬 것으로 전망되고 있다.

    총애의 극한에 위치한 '소황제 2세'들은 부모 세대에 비해 한층 더 풍족한 물질 환경에서 자라고 있다. 이들의 전형적인 가정은 '어른 6명(부모와 양편 조부모)과 아이 1명'으로 구성되어 있다. 부모들이 일로 바쁘기 때문에 대부분 조부모가 육아를 맡는 경우가 많다. 이들은 어른들의 지나친 사랑으로 자립 능력이 결여되는 등 나쁜 습관이 초래되고 있다. 집안 물건들이 모두 자신 한 명을 위해 이루어져 있으며, 타인과 분담하는 개념을 형성할 기회가 없기 때문에 이들 '소황제 2세'는 이기적이고 사리 사욕을 탐내는 경향이 전 세대에 비해 더욱 높다고 한다.

    또, 고층 아파트의 급증도 아이들의 자연스러운 교류를 차단하고 있다. 이로 인해 타인과의 교류가 전혀 되지 않는 아이들도 늘고 있다.

    형제 자매의 정을 알지 못하고 '삼촌'도 '고모'도 없는 일종의 '고아'라고도 말할 수 있는 '소황제 2세'. 타인의 기분을 이해하는 것을 배울 기회도 적고 좌절을 이겨내는 능력도 매우 낮은 이들이 과연 어떻게 격렬한 경쟁 사회에서 살아갈지는, 현대 중국이 안고 있는 심각한 과제 중 하나가 됐다.

제9과

我听说中国的男孩子对女朋友很好。

중국 남자는 여자 친구한테 잘한다고 들었어요.

1. 중국에서 남녀 가사 분담에 관련된 대화문을 학습하고 배운 내용을 토대로 연습해 보자.
2. 한·중 남녀 가사 분담에 대한 지문을 읽고 자신의 의견을 말해 보자.

- 남녀 가사 분담은 어떻게 이루어져야 한다고 생각하시나요?

본문1

分担家务

王文思: 智慧, 你听说了吗? 乐乐有男朋友了。

李智慧: 是吗? 他们是怎么认识的呀?

王文思: 好像是乐乐去黄山旅行的时候认识的。

李智慧: 对了, 我听说中国的男孩子对女朋友特别好, 真的吗?

王文思: 这也是因人而异吧,
不过大部分中国男孩子结婚以后都会帮助太太做家务的。

李智慧: 是吗? 在韩国大部分家务还是由太太做。

王文思: 这是因为在中国, 结婚后太太还会继续工作,
和丈夫一样早出晚归。

李智慧: 所以家务也是两个人一起做, 对吧?
过去大部分韩国女孩子结了婚都会在家做全职主妇,
所以形成了女孩子承担大部分家务的传统。
现在虽然韩国人结婚后双方都工作,
但是由于这种传统还是女孩子承担大部分家务。

王文思: 哈哈, 原来不管哪个国家的女孩子都会觉得全职主妇很闷,
想要有自己的工作啊。

1 乐乐和男朋友是怎么认识的?

2 中国男孩子结婚以后为什么帮助太太做家务?

3 女孩子为什么不喜欢做全职主妇呢?

단어학습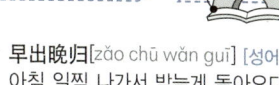

- 黄山[Huángshān] [명][지명] 황산
- 因人而异[yīn rén ér yì] [성어] 사람에 따라 달리 대책(방법)을 세우다
- 太太[tàitai] [명] 처, 아내
  ↔ 丈夫[zhàngfū]
- 家务[jiāwù] [명] 가사, 집안일
- 由[yóu] [전치] ~(으)로부터, ~에서, ~을 통하여
- * 동작이 경과하는 노선이나 장소를 이끌어 냄.
  [예] 由南门进入会场
    남문을 통해 회의장에 들어간다.
- * 동작의 기점이나 출처를 나타낸다.
  [예] 由我来负责 내가 책임진다.
- * 근거의 대상을 이끌어 낸다.
  [예] 由此可见······
    이것으로 알 수 있는 바와 같이~
- 继续[jìxù] [동] 계속하다, 끊임없이 하다
- 早出晚归[zǎo chū wǎn guī] [성어] 아침 일찍 나가서 밤늦게 돌아오다
- 全职[quánzhí] [형] 전담하다
- 主妇[zhǔfù] [명] 주부
- 形成[xíngchéng] [동] 형성되다, 이루어지다
- 承担[chéngdān] [동] 맡다, 담당하다
- 闷[mèn] [형] 우울하다, 근심스럽다
  [형] 밀봉된, 폐쇄된, 봉쇄된

팔선생 표현학습

1 他们是怎么认识的呀? 그들은 어떻게 알게 되었니?

'이미 발생한 일'의 시간, 장소, 방식, 목적, 동작의 행위자 등을 강조할 때 쓰인다.
(1) 반드시 발생한 일에 대해서만 쓰인다. 我弟弟是明年毕业的。(X)
(2) 긍정형태로 쓰일 때는 '是'는 생략 가능. 부정은 '不是 ······ 的' 형태로 쓰임.
   他不是为我来韩国的。
   [비교] 他们都是昨天来的。시간 강조 (그들이 온 때가 바로 '어제'임을 강조)
        他们都昨天来了。단순 사실 서술.

[예] 好像是乐乐去黄山旅行的时候认识的。아마 러러가 황산 여행 갔을 때 알게 된 것 같다.
    这椅子是专为老年人提供的。이 의자는 노인 분들을 위해 제공된 것이다.

2 结婚以后都会帮助太太做家务的。 결혼 후 부인을 도와 가사 일을 해 줄 것이다.

조동사 '会'는 가능과 확신을 나타내며, 강한 확신을 나타낼 때는 문장 끝에 어기조사 '的'와 함께 쓰이기도 한다.

[예] 在韩国, 大部分女孩子结婚后都会在家做全职主妇。
    한국에서 대부분 여자들은 결혼 후에 집에서 가정주부를 할 것이다.
    结婚后太太还会继续工作, 和丈夫一样早出晚归的。
    결혼 후 부인은 여전히 계속해서 일을 할 것이며, 남편과 함께 일찍 나가서 늦게야 돌아올 것이다.

3 在韩国大部分家务还是由太太做。 한국에서는 대부분 가사일은 부인이 한다.

'由'는 전치사로 행위자 앞에 놓여 동작의 주체를 강조한다. (대체로 생략 가능)

[예] 下面由总经理来唱一首歌, 请大家掌声鼓励。
    다음은 사장님께서 노래 부르십니다. 모두 박수로 응원해 주십시오.
    这件事应该由王主任来负责。이 일은 왕주임이 책임져야만 해.

본문2

比较韩中两国男女双方如何分担家务

我今天告诉智慧，在我们家，我爸爸做的饭比我妈妈做的还要好吃。听到这儿，她非常吃惊。因为在她家里，她爸爸基本上不做家务，更别提做饭了。这样的情况，是由于中国和韩国的家庭文化差异造成的。在中国，我的爸爸妈妈每天都是早上8点上班，一直到下午工作结束才回家。所以，爸爸和妈妈一般都是谁先到家谁就做饭，并没有固定的观念，认为做饭是太太应该做的事。但是智慧说，在她家里，妈妈是不用出去工作的，但爸爸需要工作到很晚。所以妈妈每天需要照顾丈夫和孩子。当然也包括做饭了。其实，这两种家庭文化没有哪一种更好，哪一种更不好。只是因为每个国家的实际情况不同所造成的。你觉得呢？

1　中国的家庭一般是谁来做饭？

2　韩国家庭里太太一般需要工作吗？她们都做些什么呢？

3　为什么会产生这样的差别？你觉得哪种更好呢？

단어학습

- 吃惊[chījīng] [동] 놀라다
- 基本上[jīběnshàng] [부] 주로, 대체로, 거의
- 提[tí] [동] (아래에서 위로) 끌어올리다, 높이다
  [동] 말을 꺼내다, 말하다, 언급하다
- 情况[qíngkuàng] [명] 상황, 정황
  ≒ 状况 zhuàngkuàng
- 有所[yǒusuǒ] [동] 다소 ~하다, 어느 정도 ~하다
  * 뒤에 주로 쌍음절 동사를 동반함
- 差异[chāyì] [명] 차이, 다른 점
  ≒ 区别 qūbié, 差别 chābié

- 造成[zàochéng]
  [동] 형성하다, 조성하다, 만들다
- 并不[bìngbù] 별로 ~지 않다
- 固定[gùdìng] [형] 고정되다
  [동] 불변하다, 고정하다
  ↔ 流动 liúdòng
- 认为[rènwéi] [동] 생각하다, 인정하다
  ≒ 以为 yǐwéi
- 照顾[zhàogù] [동] 보살피다, 돌보다
  [동] 염려하다, 마음 (정신)을 쓰다
- 包括[bāokuò] 포함하다, 포괄하다
  ↔ 除外 chúwài

- 其实[qíshí] [부] 기실, 사실
- 分别[fēnbié] [동] 헤어지다, 구별하다
  [부] 각각, 따로따로
- 实际情况[shíjì qíngkuàng]
  실제 상황
- 所[suǒ] [양] 개, 하나
  * 一所学校 / 一所医院
  [조] ~하는 바
  * '是+(대)명사+所+동사+的'의 형태로 쓰여, 행위자와 동작과의 관계를 강조함
  [예] 是因为每个国家的实际情况不同所造成的.

팔선생 표현학습

1 一直到下午工作结束才回家。 오후까지 줄곧 일이 끝난 다음 비로소 집으로 귀가한다.

> 부사 '才'의 용법은 크게 2가지로 나뉜다.
> (1) 才 + 숫자 : 겨우
> (2) 숫자 + 才: ~에서야 비로소 [비교] 숫자 + 就: 바로, 곧

[예] 这孩子才六岁, 你别太过分了。 이 아이는 겨우 6살이니까 당신 너무 심하게 다루지 말아요.
你怎么8点半才来呀! 당신은 어째서 8시 반에야 오십니까! [예상 시간보다 늦음]
我们8点半就到了。 우리는 8시 반에 이미 도착했다. [예상 시간보다 빠름]

2 爸爸和妈妈一般都是谁先到家谁就做饭
아빠와 엄마는 보통 누가 먼저 집에 오면 누가 밥을 한다.

> 앞뒤 절에 같은 의문대명사를 써서 동일한 사람, 사물, 방식, 시간, 지점, 수량 등을 나타낸다. 앞의 절이 뒤의 절의 내용을 결정하며 부사 '就'가 함께 쓰인다.

[예] 谁愿意跟我一起去, 谁就跟我一起去吧。 누가 나랑 함께 가길 원한다면, 같이 가자.
你想吃什么, 就吃什么。 당신 먹고 싶은 걸로 먹어요.
你想去哪儿, 我们就去哪儿。 당신 가고 싶은 곳으로 가요.

3 只是因为每个国家的实际情况不同所造成的。
모든 국가의 실제 상황이 달라서 조성되는 바이기 때문이다.

> '所+동사+的+ (명사)'는 고정 격식으로 잘 쓰이며, 해석은 '~하는 바(명사)'로 하면 된다.

[예] 这就是你所带来的一切。 이것이 당신이 가져온 (바의) 모든 것이다.
我都说了我所想说的。 나는 내가 말하고 싶었던 바를 전부 말했다.

연습문제

1. 대화를 듣고 질문에 대한 알맞은 답을 고르시오.

    (   )

   A 乐乐一直都有男朋友。
   B 乐乐跟男朋友在学校认识的。
   C 在韩国大部分家务是由太太做的。

   ❷ (   )

   A 在中国，大部分女孩子结婚后都会在家做全职主妇。
   B 中国女孩子觉得全职主妇很闷。
   C 在韩国，结婚后太太不会继续工作。

2. 들려주는 한 단락의 내용을 듣고 묻는 질문에 알맞은 대답을 고르시오.

    A 他爸爸做的菜比妈妈做得更好吃。
   B 他爸爸很少做家务。
   C 他爸爸不用出去工作。

   ❷ A 中韩两国做家务的差异
   B 丈夫要做家务
   C 太太要在家照顾孩子。

3. 아래의 밑줄 친 부분에 알맞은 답을 고르시오.

   > 我今天告诉智慧，在我们家，我爸爸做的饭　1)　　我妈妈做的还要好吃。听到这儿，她觉得　2)　　。因为在她家里，她爸爸基本上不做家务，更别提做饭了。这样的情况，是中国的家庭文化和韩国的家庭文化有差异所造成的。在中国，我的爸爸妈妈每天都是早上8点上班，一直到下午工作结束才回家。所以，爸爸和妈妈一般都是　3)　　，并不是固定地认为做饭一定是太太应该做的事。

❶ A 被　　　B 比　　　C 把　　　D 离
❷ A 非常吃惊　B 非常干净　C 高兴　D 危险
❸ A 谁愿意吃饭谁就吃饭　　B 谁爱做家务谁做家务
　 C 谁先到家谁就做饭　　　D 谁要吃饭谁就做饭

4. 아래의 단어들을 배열하여 완전한 문장으로 만드시오.

❶ 这件事　来负责　应该　由　王主任
_____

❷ 专为　提供的　老年人　这面包　是
_____

❸ 每个国家的　不同　所造成的　实际情况　只是因为
_____

5. 다음 제시된 표현을 이용하여 중국어로 작문하시오.

❶ 누가 나랑 함께 가길 원한다면 같이 갑시다. (谁……谁就)
_____

❷ 당신은 어째서 8시 반에야 오십니까! (才)
_____

❸ 대부분 여자들은 결혼 후에 집에서 가정주부를 할 것이다. (会……的)
_____

★Activity★

가사일은 누가 하는 것이 옳은가?

또 가사일은 어떻게 분담하는 것이 옳은지 토론해 보자.

중국문화 산책

천자(天子)를 위한 최고의 요리상 – 满汉全席

만주족이 대륙을 차지하고 궁중음식은 만주족식 연회를 뜻하는 '만석(满席)'과 한족식 연회를 뜻하는 '한석(汉席)'으로 구분되게 되었다. 이런 궁중음식이 '만한전석(滿漢全席)'으로 합쳐져 중국을 대표하는 연회요리가 된 것은 18세기 초 청나라 2대 황제인 강희제(康熙帝) 말기 때이다.

강희제는 자신의 회갑을 맞자 천자로서 보기 드문 장수를 누린 기쁨으로 이틀 간에 걸쳐 65세 이상의 노인들을 2,800명이나 초청하여 대연회 이른바 천수연(千壽宴)을 베풀었다. 이 자리에서 강희제는 만석과 한석을 두루 갖춘 잔칫상을 가리켜 친히 만한전석(滿漢全席)이라 하였다. 이것이 기록에 보이는 최초의 만한전석이다.

만한전석은 6연(宴)으로 나뉘며 모두 청나라 궁중에서 유명한 요리 이름으로 명명되었다. 만한전석은 산해진미를 모아 만들어진 요리라고 할 수 있다. 다양한 종류도 대단하지만 그 다채로운 재료도 흥미로운데 온갖 진귀하고 좋다는 것은 다 모아 놓았다고 한다. 예를 들어, 붉은제비, 제비집, 상어지느러미, 물고기부레, 전복에다 곰발바닥, 원숭이골까지 요리로 사용되었다고 한다.

연회는 하루 두 차례씩 사흘에 걸쳐 진행되는 것이 일반적이었고, 한 차례는 네 개의 세트로 구성되어 있으며 매 세트마다 주요리 하나에 네 개의 보조요리가 따랐다고 한다. 그러므로 한 차례에 20가지의 주요리와 보조요리가 나오게 되며 여기에 찬 음식(일종의 appetizer), 건과류, 꿀전병(蜜餞), 띠엔신(點心), 과일 등을 합치면 모두 30~40가지가 되므로, 사흘에 걸친 연회에는 모두 180가지 이상의 요리가 나오게 되는 것이다.

후대에서는 이 만한전석의 요리 가짓수를 '108가지'로 전하고 있는데, 이는 부수적으로 따라 나오는 찬 음식(일종의 appetizer), 건과류, 꿀전병(蜜餞), 띠엔신(點心), 과일 등에 대해 요리로 보는가 아닌가에 따른 관점의 차이 및 중복적으로 제공되는 부수요리로 분류 여부에 따라 달라지는 것이다.

중화 음식문화 최고의 경지를 농축한 이 음식상은 그 수량과 기술적인 어려움으로 강희제 이후 한번도 제대로 재현된 적이 없다고 한다. 현대 중국인들도 그저 전해오는 이야기나 책에서 '만한전석'의 전설을 기억할 뿐, 누구도 직접 체험해보지는 못한 연고로 이 음식에 대해 더욱 신비감을 갖게 한다.

제10과

你还知道什么好电影, 给我介绍介绍吧。
좋은 영화를 알고 있으면, 제게 소개해 주세요.

1. 영화 관람과 관련된 대화문을 읽고 그 내용을 토대로 학습해 보자.
2. 영화 감독 장이모와 관련된 지문을 읽고, 자신이 좋아하는 중국 영화에 대해서 말해 보자.

 ● 최근에 감명 깊게 본 중국 영화가 있나요?

본문1

谈电影

崔志勋：乐乐，你上个周末干什么去了？

林乐乐：我陪朋友看电影去了。

崔志勋：什么片儿啊？有意思吗？

林乐乐：片名是《失恋33天》，是一个年轻导演的作品。最近很火的。

崔志勋：主要内容是什么啊？

林乐乐：讲的是一个女孩在失恋后33天的时间里心理的恢复过程。挺有意思的。

崔志勋：你还知道什么好电影，给我介绍介绍吧。

林乐乐：你知道中国有名的电影导演张艺谋吗？

崔志勋：知道，我还看过他导演的《英雄》呢。特别感人。

林乐乐：对了，还有冯小刚，他也是一位我特别喜欢的电影导演。我推荐你看看他的《天下无贼》。

崔志勋：我以前就听说过，下次有空我可要去看看。顺便还可以提高一下我的听力水平。

1　林乐乐上个周末做什么了？

2　《失恋33天》是一部关于什么内容的电影？

3　乐乐给志勋介绍了哪位导演的什么电影？

 단어학습

- 片儿[piānr] [명] 영화
- 失恋[shīliàn] [동] 실연하다, 연애에 실패하다
- 导演[dǎoyǎn] [명] 연출자, 감독, 안무 [동] 연출하다, 감독하다
- 作品[zuòpǐn] [명] (문학·예술의) 창작품, 작품
- 火[huǒ] [명] 불, 화염 [형] 왕성하다, 흥성하다, 번창하다
- 主要[zhǔyào] [형] 주요한, 주된 [부] 주로, 대부분
- 恢复[huīfù] [동] 회복하다, 회복되다
- 心理[xīnlǐ] [명] 심리
- 过程[guòchéng] [명] 과정
- 英雄[yīngxióng] [명] 영웅
- 感人[gǎnrén] [동] 감동시키다, 감격시키다
- 推荐[tuījiàn] [동] 추천하다, 소개하다
- 天下[tiānxià] [명] 천하, 세계, 온 세상
- 无[wú] [동] 없다, ~이 (가) 아니다, ~하지 않다
- 贼[zéi] [명] 도둑, 도적, 적, 반역자
- 顺便[shùnbiàn] [부] ~하는 김에, 겸사겸사
- 提高[tígāo] [동] (위치·수준·질·수량 등을) 제고하다, 향상시키다, 높이다, 끌어올리다
  ↔ 下降 xiàjiàng, 贬低 biǎndī, 降低 jiàngdī

팔선생 표현학습

1 最近很火的。 최근에 아주 인기가 있다.

> 중국어에서 '잘나가다, 인기가 있다'를 관용어로 '很火, 很红, 走红' 등으로 쓴다.
> * 최근에는 한국어의 영향을 받아, '人气'가 '인기 있다'라는 뜻을 갖기도 한다.

[예] 最近这家新开的餐厅在上海很红。 최근 새로 개업한 레스토랑이 상하이에서 아주 인기가 있다.
他是在台湾最走红的歌手。 그는 타이완에서 가장 잘나가는 가수이다.

2 下次有空我可要去看看。 다음번에 시간이 되면 나는 가서 좀 보려 한다.

> 약속을 잡는 표현에는 '下次有空(다음에 시간이 있으면) ~'이라는 표현이 자주 사용된다.

[예] 下次有空欢迎再来。 다음 번에 시간이되시면 다시 오셨으면 합니다.
下次有空你到我这儿来歇一会儿吧。 다음에 시간 되시면, 이쪽으로 오셔서 좀 쉬십시오.

3 特别感人。 특히나 사람을 감동시킨다.

> '感人'에서 '感'은 피동의 의미로 '감동시키다'라는 의미를 갖는다.
> * 急人: 사람을 급하게 만든다. (환장하겠네, 미치겠네)
> * 气人: 화나게 하다
> * 吸引人: 사람을 끈다, 매료시킨다

[예] 我找了半天也没找到护照, 真急人。 나는 여권을 반나절 찾았는데도 여권을 못 찾았어, 미치겠네.
这部电影的主演很吸引人。 이 영화의 주연배우는 사람을 매료시킨다.

介绍电影导演张艺谋

说起中国的电影,大家可能不是特别熟悉,但是说到电影导演,我想张艺谋这个名字你一定不陌生吧?他可以说是中国电影史上第五代导演中最有名的一位。他1951年出生,只念完初中后就去了农村,之后还当过工人。后来他通过自己的努力考进了北京电影学院学习摄影,毕业后当了一名电影厂的摄影师。1984年,他的第一部电影作品《黄土地》拍摄完成,并且获得了中国、法国等很多国家电影节的奖项。以后,他一直都在不断地创作新的作品。他的《红高粱》、《秋菊打官司》、《英雄》、《十面埋伏》等很多部电影都是中国老百姓熟悉并且喜爱的作品。除了张艺谋以外,还有陈凯歌、冯小刚、李少红等人都是八十年代从北京电影学院毕业的有名的电影导演。

1. 张艺谋导演的人生经历是怎样的?
2. 张艺谋导演有哪些有名的作品?
3. 说说你知道的有名的中国电影导演。

단어학습

- 说起[shuōqǐ] ~를 말하자면
- 可能[kěnéng]
  [부] 아마도, 어쩌면 [형] 가능하다
- 陌生[mòshēng]
  [형] 생소하다, 눈에 익지 않다
- 电影史[diànyǐngshǐ] 영화 역사
- 念初中[niàn chūzhōng] 중학교 다니다
- 农村[nóngcūn] [명] 농촌
  ↔ 城市 chéngshì
- 之后[zhīhòu] [명] 뒤, ~후, ~다음
  ↔ 之前 zhīqián
- 当[dāng] [동] ~이 (가) 되다, 맡아 보다, 주관하다
- 工人[gōngrén] [명] 노동자

- 后来[hòulái] [명] 그 후, 그 뒤, 그 다음 ↔ 起初 qǐchū
- 通过[tōngguò]
  [전치] ~을 거쳐, ~을 통해
  [동] 건너가다, 통과하다
- 努力[nǔlì] [동] 노력하다, 힘쓰다
- 考进[kǎojìn] 시험에 합격하다
  ≒ 考上 kǎoshàng
- 电影厂[diànyǐngchǎng]
  [명] 영화 스튜디오
- 摄影师[shèyǐngshī] [명] 촬영사
- 拍摄[pāishè]
  [동] 촬영하다, (사진을) 찍다
- 获得[huòdé] 얻다, 취득하다, 획득하다
- 奖项[jiǎngxiàng]
  [명] 상의 종목 (부문), 상(賞)

- 不断[búduàn]
  [부] 계속해서, 부단히, 끊임없이
- 创作[chuàngzuò]
  [동] (문예 작품을) 창작하다
- 红高粱[hónggāoliáng]
  [명] 빨간 수수
- 打官司[dǎ guānsi] [동] 소송하다, 고소하다, 재판을 걸다
  ≒ 诉讼 sùsòng
- 十面埋伏[shímiàn máifú]
  매복하다, 비파 곡명,
  * 초(楚)와 한(漢)의 해하(垓下) 결전을 묘사한 것
- 老百姓[lǎobǎixìng]
  [명] 백성, 국민, 일반 국민
- 并且[bìngqiě]
  [접속] 게다가, 나아가, 동시에

팔선생 표현학습

1 说起中国的电影, 大家可能不是特别熟悉, 但是说到电影导演,
중국 영화에 대해 말하면, 사람들은 아마도 잘 모르겠지만 영화 감독에 대해 말하면 ~

> 방향보어 '起'는 파생된 의미로 어떤 동작을 하기 시작함을 나타낼 때 쓰인다.
> * 반면, 동사 뒤에 '到'는 결과보어로 '도달, 결과 발생'을 뜻한다.

[예] 看到这幅画, 我就想起了我妈妈。 이 한 폭의 그림을 보니, 나는 우리 엄마가 생각났다.

2 以后, 他一直都在不断地创作新的作品。
그 후로, 그는 줄곧 끊임없이 새로운 작품을 창작해 왔다.

> 부사가 술어 앞에 부사어로 쓰일 때는 구조조사 없이 쓰이나, 동사구나 형용사구가 부사어로 쓰일 때는 구조조사 '地'가 필요하다.
> * '1음절 형용사 중첩', '2음절 형용사 + 2음절 동사'일 경우 생략 가능
>   好好儿学习, 慢慢儿吃   努力学习, 认真工作

[예] 他非常热情地帮助我。 그는 매우 열정적으로 나를 도와준다.
遇到问题要灵活(地)处理。 문제에 직면하면 민첩하게 처리해야 한다.

3 都是八十年代从北京电影学院毕业的有名的电影导演。
모두 80년대 베이징영화단과대학을 졸업한 유명한 영화 감독이다.

> '毕业'는 이합사로 뒤에 다른 목적어를 가질 수 없기 때문에, '从……毕业' 혹은 '毕业于……' 형태로 졸업한 대학을 표현한다.

[예] 我从复旦大学毕业。 / 我毕业于复旦大学。 나는 푸단대학을 졸업했다.

연습문제

1. 대화를 듣고 질문에 대한 알맞은 답을 고르시오.

❶ (　　　　　)

A 男的周末要看一部电影。

B 《失恋33天》非常红。

C 《失恋33天》讲的是关于一个年轻导演的故事。

❷ (　　　　　)

A 他们都不知道电影导演张艺谋。

B 男的喜欢冯小刚导演。

C 女的打算去看《英雄》。

2. 들려주는 한 단락의 내용을 듣고 묻는 질문에 알맞은 대답을 고르시오.

❶ A 他1961年出生。

　 B 他当过农民和工人。

　 C 他没考上北京电影学院。

❷ A 《黄土地》

　 B 《红高粱》

　 C 《英雄》

3. 아래의 밑줄 친 부분에 알맞은 답을 고르시오.

> 说起中国的电影大家可能不是特别熟悉，但是说到电影导演，我想张艺谋这个名字你一定不　1)　吧？他可以说是中国电影史上第五代导演中最有名的一位。他1951年出生，只念完初中后就去了农村，之后还当过工人。后来他通过自己的努力考进了北京电影学院学习摄影，毕业后当了一名电影厂的　2)　。1984年，他的第一部电影作品《黄土地》拍摄完成，并且获得了中国、法国等多个国家电影节的奖项。以后，他一直都在不断地创作新的作品。他的《红高粱》、《秋菊打官司》、《英雄》和《十面埋伏》等很多部电影都是中国老百姓熟悉并且喜爱的作品。除了张艺谋以外，还有陈凯歌、冯小刚、李少红等人都是八十年代　3)　的有名的电影导演。

① A 熟悉　　　B 了解　　　C 陌生　　　D 清楚
② A 演员　　　B 制作片　　　C 主持人　　　D 摄影师
③ A 从北京电影学院毕业　　　B 毕业北京电影学院
　C 离北京电影学院很近　　　D 毕业不了北京电影学院

4. 아래의 단어들을 배열하여 완전한 문장으로 만드시오.

① 的　主演　吸引　很　这部电影　人
_____

② 冯小刚　一位　电影导演　我特别喜欢的　是
_____

③ 奖项　他的　第一部电影作品　很多个国家电影节的　获得了
_____

5. 다음 제시된 표현을 이용하여 중국어로 작문하시오.

① 다음 번에 시간이 되면 나는 가서 좀 보려 한다. (下次有空)
_____

② 그는 줄곧 끊임없이 새로운 작품을 창작해 왔다. (不断地)
_____

③ 그는 타이완에서 가장 잘나가는 가수이다. (走红)
_____

★Activity★

중국 친구에게 자신이 가장 좋아하는 한국 영화를 소개하는 글을 써서 발표해 보자.

아래의 내용을 포함하여 소개할 것
[1] 영화명(电影名) :　　　　　　　　　　[2] 주연(主演) :
[3] 감독(导演) :　　　　　　　　　　　　[4] 영화 줄거리 및 감동적인 부분 소개(故事/内容) :

今天我给你介绍一下我最喜欢的韩国电影：

중국문화 산책

중국의 신조어

중국 교육부와 국가언어위원회는 중국의 신조어의 생성량 및 속도가 중국의 '개혁' '개방' 후의 경제발전 속도만큼 빠르고 많아지고 있다고 발표했다. 이는 경제 발전에 따른 사회, 문화의 급속한 변화 및 국민들의 의식 구조 변화 등이 반영된 것이라고 볼 수 있겠다.

아래는 현재 중국에서 널리 쓰이고 있는 신조어이다.

- **乐活族 lèhuózú**
  건강과 친환경을 중시한다는 뜻의 영문약자(LOHAS: Lifestyle Of Health And Sustainability)를 음역한 뒤, 일군의 집단을 뜻하는 족(族)을 붙인 신조어이다. 유기농 농산물을 먹고 태양열을 쓰며 대체 의약품이나 요가 등의 건강요법에 관심이 많은 사람들이다. 한마디로 웰빙을 추구하는 이들을 이렇게 부른다. 중국에서도 녹색식품 등 환경 관련 시장이 급팽창하고 있음을 시사한다.

- **月光族 yuèguāngzú**
  한 달 월급을 몽땅 소비하고 다음 월급날까지 빈털터리로 생활하는 샐러리맨을 지칭한다.
  이들 대부분은 소황제 세대이며, 새로운 소비문화를 이끌고 있다는 점이 중요하다. 풍족하게 유년 시절을 보낸 '월광족'들의 소비 특징은 양보다는 질을 중시하며, 이들은 나만의 개성을 중시하고, 브랜드를 따진다. 중국에서 세계적인 명품이 잘 팔리는 이유 중의 하나이며 중국산 제품의 품질 향상에 기여하고 있다는 점도 부정할 수 없는 사실이다.

- **赖校族 làixiàozú**
  학교에 의지하는 사람들이란 뜻이다. 대학 졸업 후 취업에 실패하고 계속 학교에 남아 직장을 구하는 사람이다. '라이샤오족'은 취직을 위한 외국어학원이나 인터넷 강의 시장의 급팽창 현상을 반영하고 있다.

- **难民族 nànmínzú**
  방세를 못내 길거리로 내몰린 사람을 지칭한다. 상하이, 베이징 등 대도시가 날로 거대화 되어 사람이 몰리는 인구집중화 영향 및 경제 발전에 따른 부동산에 대한 가치인식 변화와 가격 상승이 복합적으로 작용하여 도시의 집세가 날로 올라가는 통에 방세를 제대로 못 내고 길가에 내몰린 사람을 '난민족' 이라고 한다.

- **晒黑族 shàihēizú**
  사회의 어두운 이면을 폭로하는 네티즌을 뜻한다. 중국도 갈수록 네티즌의 힘이 세지고 있는데 중국당국 역시 체제의 특성상 네티즌의 힘을 약화시키기 위하여 'IP 통제', '개인 PC에 접속로그 프로그램 설치', '개인 도메인 사용 금지' 등 여러 가지 정책을 내놓고 있는데도 불구하고 네티즌의 위상은 나날이 높아지고 있다. 각종 사회문제 및 공무원의 불법 부당 행위가 웹상에 폭로되어 처리되는 양상이 갈수록 늘고 있다.

제11과

打车可真难啊!

택시 타기가 정말 어려워요!

① 택시 기사와 손님 간의 대화문을 읽고 그 내용을 토대로 학습해 보자.
② 중국 장거리 교통 수단에 관련된 지문을 읽고 자신이 선호하는 교통수단을 말해 보자.

- 평소 이동할 때 어떤 교통수단을 자주 이용하시나요?

본문1

出租车司机和乘客之间的对话

小 金：师傅，去建国门的东方大厦。

司 机：好咧，看你这一脑门的汗。在外面等很长时间了吧?

小 金：可不是嘛。站了十几分钟了，都没有空车。打车可真难啊。

司 机：因为今天是星期一，所以人特别多。

小 金：您说说，这城市里道路越修越宽，也越修越多，
　　　　但为什么还是这么堵啊。

司 机：嗨，路是宽了、多了，不过买车的人也是越来越多啊。
　　　　这车太多了，肯定就堵啊。

小 金：也对，现在买车也便宜，各种税金和费用也降了，
　　　　大部分家庭都选择买车了。

司 机：我看啊。要想解决交通问题，除了改善道路条件以外，
　　　　还是得实行尾号限行制度。

小 金：可不是嘛。不过也得大家都遵守才行啊。
　　　　哎，师傅，能快点吗? 我要迟到啦。

司 机：不能再快啦，再快就该领罚单了。

小 金：唉，我这个月的奖金又要泡汤了。

1　今天小金打车为什么这么难?

2　为什么堵车这么严重?

3　司机觉得应该怎样解决交通堵塞的问题?

단어학습

- *大厦[dàshà]
  [명] 빌딩, (고층·대형) 건물
- 脑门[nǎomén]
  [명] '前额(이마)'의 속칭
- *汗[hàn] [명] 땀
  出汗[chūhàn] [동] 땀이 나다, 땀을 내다
- *打车[dǎchē] [동] 택시를 타다
- 道路[dàolù] [명] 도로, 길
- *越……越……[yuè…… yuè……]
  갈수록~
- 宽[kuān] [형] (폭이) 넓다, 드넓다
- *越来越[yuèláiyuè] 점점 ~해진다,
  갈수록 ~하다
- 堵[dǔ] [동] 막다, 틀어막다,
  가로막다, 답답하다
- 税金[shuìjīn] [명] 세금
- 费用[fèiyòng] [명] 비용, 지출
- 降[jiàng] [동] 내리다, 내려가다
- 解决[jiějué] [동] 해결하다. 풀다,
  없애다, 제거하다
- 改善[gǎishàn]
  [동] 개선하다, 개량하다
- 条件 [tiáojiàn]
  [명] (상태·상황으로서의) 조건
- *实行[shíxíng] [동] 실행하다.
- 尾号限行制度[wěihào xiànxíng
  zhìdù] 베이징에서 자동차번호 뒷자
  리에 따라 실행되는 통행제한 방안
- *遵守[zūnshǒu]
  [동] (규정 등을) 준수하다, 지키다
  → 违犯 wéifàn, 违反 wéifǎn
- 罚单[fádān] [명] 벌금 통지서
- 奖金[jiǎngjīn]
  [명] 상금, 상여금, 장려금
- *泡汤[pàotāng]
  [동] 물거품이 되다, 실패하다

팔선생 표현학습

1 可不是嘛。그렇고 말고.

'可不是嘛'는 상대방의 의견에 동의할 때 자주 쓰는 표현이다.
* 상대의 의견에 동의: 可不, 可不是, 当然, 谁说不是呢! 등이 있으며,
* 상대의 의견에 반대: 哪儿啊! 谁说的。不会吧! 등이 있다.

[예] 可不是嘛! 你说得对! 그렇고 말고. 네가 말하는 게 맞아.
可不是嘛! 你看看他给你带来了很多礼物。
그렇고 말고. 그가 너를 위해 많은 선물들을 가져온 것을 봐라.

2 不过也得大家都遵守才行啊。 그러나 모두 지켜야만 됩니다.

'得'는 품사에 따라 다양한 의미와 발음을 갖는다.
(1) 得 [děi] [조동] ~해야 한다 ((应)该와 같이 당위를 나타낸다.)
(2) 得 [de] [조] 구조조사로 동사나 형용사 뒤에 쓰여 결과나 정도를 나타내는 보어와 연결
(3) 得 [dé] [동] 얻다, 획득하다, 받다

[예] 你得快点儿来。당신은 빨리 와야 합니다.
北京烤鸭好吃得很。베이징오리구이는 아주 맛있다.
他这个月得了5000元的奖金。그는 이번 달에 5000위안의 상금을 탔다.

3 这城市里道路越修越宽, 也越修越多

이 도시의 도로는 지을수록 더 넓어지며, 또한 지을수록 더 많아진다.

'越+A+越+B' : 'A라는 동작을 하면 할수록 B의 상태가 된다.'
'越来越+형용사'는 시간이 지남에 따라 정도가 심해짐을 나타낸다.

[예] 我越准备越着急。나는 준비할수록 더욱 초조해진다.
我们的日子越过越幸福。우리의 나날은 지낼수록 더 행복해진다.

본문2
介绍中国的长途交通工具

在中国，如果你想出远门，那么你可以选择下面几种交通方式：长途客车、火车、飞机或客轮。长途汽车的外观和韩国的巴士看起来差不多，但是里面十分不同。因为需要长时间乘坐，所以汽车内部不是座位，而是一张一张的床铺。这些床只能够一个人平躺，不是很舒服。除了长途巴士，最普遍的交通方式应该算是火车了。火车一般分为硬座、硬卧和软卧。硬座指的是一般的座位。比起硬座和硬卧，软卧的床铺空间比较大，而且床铺比较柔软。无论是坐着还是躺着都更加舒适。而且，火车是中国最为主要的长途运输工具。比如说，在每年的春运期间，乘坐火车的人数都超过1亿4千人次。客轮是在中国部分南方地区和沿海地区使用的交通方式。由于地理条件的限制，并不普遍使用。飞机是最快捷的交通方式，但是费用也比较贵。

1. 在中国长途旅行时，可以选择哪几种交通方式？
2. 中国的火车的坐席主要分为哪几种？
3. 你在出远门的时候都选择哪种交通方式？

단어학습

- 远门[yuǎnmén] [명] 먼 곳
- 长途客车[chángtú kèchē] [명] 장거리 버스, 시외버스
- 客轮[kèlún] [명] 여객선
- 外观[wàiguān] [명] 외관, 겉모양
  ≒ 表面 biǎomiàn, 外表 wàibiǎo
- 乘坐[chéngzuò] [동] (자동차·배·비행기 등을) 타다
- 座位[zuòwèi] [명] 좌석, 주로 공공 장소에 쓰임
- 不是……而是[búshì … érshì] ~이 아니라 ~이다
- 床铺[chuángpù] [명] 침상

- 能够[nénggòu] [동] ~할 수 있다
- 平躺[píngtǎng] 똑바로 눕다
- 普遍[pǔbiàn] [형] 보편적인
  ≒ 广泛 guǎngfàn
- 柔软[róuruǎn] [형] 부드럽고 연하다
- 更加[gèngjiā] [부] 더욱, 한층 더
- 舒适[shūshì] [형] 편(안)하다
- 最为[zuìwéi] [부] 제일, 가장
  * 이음절 형용사나 동사 앞에 쓰여 최상급을 나타냄
- 运输工具[yùnshū gōngjù] 운송 방식

- 春运[chūnyùn] [명] 설 연휴 운수 업무
- 超过[chāoguò] [동] 초과하다
- 亿[yì] [수] 억
- 人次[réncì] [양] 연인원
- 客轮[kèlún] [명] 여객선
- 沿海地区[yánhǎi dìqū] 연해지구, 바닷가 근처 지방
- 限制[xiànzhì] [동] 제한하다, 한정하다, 속박하다
- 快捷[kuàijié] [형] 빠르다, 민첩하다

팔선생 표현학습

1 汽车内部不是座位，而是一张一张的床铺。
차 내부에는 좌석이 아니라 하나하나의 침대이다.

> 접속사 구조 : 不是A, 而是B (A가 아니라, B이다.)
> [비교] 不是A, 就是B (A가 아니면, B이다.)

[예] 他不是中国人，而是韩国人。 그는 중국인이 아니고, 한국인이다.
他不是中国人，就是韩国人。 그는 중국인이 아니면 한국인일 것이다.

2 由于地理条件的限制，并不普遍使用。
지리 조건의 제약 때문에, 그다지 보편적으로 사용하지 않는다.

> '由于'는 '~때문에'의 의미로 뒤 절의 같은 상황이 생기는 원인을 말한다.
> * 대체로 '因而, 因此' 등 접속사와 같이 쓰이는 경우가 많다.

[예] 由于网络连接异常，登录失败。
인터넷 연결에 이상이 있기 때문에 로그인에 실패하였습니다.
由于做了充分的准备，因此会议开得很成功。
충분한 준비를 했기 때문에 회의는 성공적으로 열렸다.

연습문제

1. 대화를 듣고 질문에 대한 알맞은 답을 고르시오.

   ❶ (   )

   A 在办公室。

   B 在出租车上。

   C 在路上。

   ❷ (   )

   A 买车税金和费用上涨了。

   B 男的认为改善道路条件就可以了。

   C 女的同意男的的观点。

2. 들려주는 한 단락의 내용을 듣고 묻는 질문에 알맞은 대답을 고르시오.

   ❶ A 长途客车

   　 B 客轮

   　 C 自行车

   ❷ A 火车

   　 B 飞机

   　 C 客轮

3. 아래의 밑줄 친 부분에 알맞은 답을 고르시오.

   在中国，如果你要出远门，那么你可以选择下面几种交通方式：长途客车、火车、飞机或客轮。长途汽车的 1)　　 和韩国的巴士看起来差不多，但是里面十分不同。因为需要长时间乘坐，所以汽车内部不是座位，而是一张一张的床铺。这些床只能够一个人平躺，不是 2)　　 。除了长途汽车，最普遍的交通方式应该算是火车了。火车一般分为硬座、硬卧和软卧。硬座指的是一般的座位。比起硬座和硬卧，软卧的床铺空间比较大，而且床铺比较柔软。 3)　　 是坐着或睡觉还是躺着都更加舒适。而且，火车是中国最为主要的长途运输工具。

❶ A 费用　　　B 外观　　　C 内部　　　D 功能
❷ A 很累　　　B 很干净　　C 很舒服　　D 很吃惊
❸ A 并不　　　B 无论　　　C 如果　　　D 而是

4. 아래의 단어들을 배열하여 완전한 문장으로 만드시오.

❶ 我们的　越　幸福　日子　越　过

❷ 中国最为　长途运输工具　主要的　火车　是

❸ 而是　一张一张的　座位　床铺　汽车内部　不是

5. 다음 제시된 표현을 이용하여 중국어로 작문하시오.

❶ 제 이번 달 보너스가 또 물거품 되겠어요. (要……了)

❷ 좋은 성적을 얻으려면, 열심히 공부해야 합니다. (得)

❸ 예를 들면, 매해 설기간에 기차를 타는 사람수는 1억 4천 명을 초과한다. (比如说)

★ Activity ★

다음 제시된 그림을 연결 지어 한 단락의 이야기를 만들어서 발표해 보자.

중국문화 산책

중국의 정치제도

중국에서는 국가를 이끌어가는 영도자, 대표자를 '주석(主席)'이라고 부르며, 전국인민대회에서 선출된다.

중국의 국가 최고 권력기구인 전국인민대표대회(全国人民代表大会)는 한국의 국회와 비슷하기는 하지만 여·야당의 구분이 없는 공산당 일당 체제이며 중국공산당 중앙위원회의 결정에 따라 헌법 및 기타 법률의 입·개정이나 국가 주석·부주석 선출, 국무원 총리 임명, 중앙군사위원회주석 선출 등 절대적 권력을 가지고 있다.

전국 인민 대표는 전국 각 省, 市, 自治區 인민대표 대회와 인민해방군에서 선출한 대표로 구성된다. 총 인원수가 3,000명을 넘지 못하고, 인원의 대표의 분배는 전국인민대표대회 상무위원회에서 결정하며, 광범위한 대표성을 가지는 것을 법률로 규정한다. 예를 들면, 제8차 전국 인민대표대회의 대표는 2,977명으로 그 중에 노동자·농민 대표가 612명으로 총 수의 20.03%, 지식 계층 대표가 649명으로 21.8%, 간부 대표가 841명으로 28.25%, 민주 당파와 무소속 애국 인사 대표가 572명으로 19.21%, 인민군 대표가 267명으로 8.97%, 귀국 화교 대표가 36명으로 1.21%을 차지한다. 그 중에서 여성 대표가 620명으로 21.03% 소수 민족 대표가 439명으로 14.75%를 차지한다. (55개 소수 민족은 각기 민족 대표를 두고 있다.) 전국인민대표대회의 임기는 5년이며, 5년에 1번 재선거를 실시한다.

전국인민대표대회 전체 회의는 1년에 한 번 개최되며, 상무위원회의 필요와 5분의 1이상의 대표자가 제의한 경우에는 임시 회의를 소집할 수 있다. 전국인민대표대회 전체 회의는 공개적으로 거행되며, 방청석이 없고, 의사 결정은 다수결 원칙에 따라 표결로 처리된다.

국무원(国务院)은 최고 권력기구(전국인민대표회의)의 집행기관이자 최고 국가행정기관이다. 국무원에는 총리, 부총리, 국무위원, 각 부(외교부, 국방부, 교육부, 공안부, 사법부…) 부장 등이 있으며, 이 국무원의 수장은 총리(总理)이다.

즉, 의사결정은 전국인민대회의 공산당(수장: 주석)이 하고, 집행은 국무원(수장: 총리)이 한다.

제12과

龙舟比赛是中国人在端午节举行的特色活动。

롱조우 경기는 중국인이 단오절에 거행하는 특색 있는 행사이에요.

1. 단오절에 관련된 대화문을 읽고 그 내용을 토대로 연습해 보자.
2. 중국 명절을 소개하는 지문을 읽고, 한국의 주요 명절을 소개하는 글을 써서 발표해 보자.

 ● 중국의 주요 명절의 행사에 대해서 알고 있는 내용이 있나요?

본문1

端午节活动

志勋：文思，你周末有什么计划啊?

文思：我正和朋友商量周末去看龙舟比赛呢!

志勋：龙舟比赛? 那是什么啊?

文思：志勋你忘了，星期六是端午节啊!
龙舟比赛是中国人在端午节举行的特色活动。

志勋：哦，我明白了，韩国也有端午节。中国的龙舟比赛很有意思吗?

文思：当然了! 比赛的时候，大家分成不同的队，
在龙船中进行划船比赛。
就像一条条龙在水上穿梭，可漂亮了!

志勋：那我能不能和你们一起去看看啊?
我从来没有参加过这样的活动。

文思：好啊，那天你不仅可以看到激烈的龙舟比赛，
还可以吃到端午节的传统饮食 —— 粽子。

志勋：嚄，这么丰富啊，那我可真不能错过啦!

文思：嗯，那我们周六上午10点，学校门口不见不散。

志勋：好的，我一定准时到。

1　文思准备周末去干什么?

2　请简单介绍一下在中国端午节的龙舟比赛。

3　在端午节的时候人们常常吃什么?

단어학습

- 计划 [jìhuà]
  [명] 계획, 작정, 방안
  [동] 계획하다, 기획하다, 꾸미다
- 商量 [shāngliang] [동] 상의하다
- 龙舟比赛 [lóngzhōu bǐsài]
  [명] 용선 경기
- 举行 [jǔxíng] [동] 거행하다
- 特色 [tèsè] [명] 특색, 특징
  [형] 독특한, 특별한
- 活动 [huódòng]
  [동] 움직이다, 운동하다
  [명] 활동, 운동, 행사
- 明白 [míngbái] [동] 알다, 이해하다
  [동] 명백(명확)하다, 뚜렷하다

- 队 [duì] [명] 무리, 행렬, 단체, 팀, 대
- 进行 [jìnxíng] [동] 종사하다, 진행하다
- 划船 [huáchuán]
  [동] (노 따위로) 배를 젓다
- 像 [xiàng] [동] 같다, 비슷하다, 닮다
  [부] 마치 [흡사] (~인 것 같다, ~듯 하다)
- 龙 [lóng] [명] 용, 용처럼 생긴 것
- 穿梭 [chuānsuō]
  [동] 베틀의 북처럼 왔다 갔다 하다
  [동] 빈번하게 왕래하다, 드나들다
- 从来 [cónglái] [부] (과거부터) 지금까지, 여태껏
  * 주로 부정형으로 쓰임

- 激烈 [jīliè] [형] 격렬하다, 치열하다
- 传统饮食 [chuántǒng yǐnshí]
  전통 음식
- 粽子 [zòngzi] 쫑즈
  * 찹쌀을 대나무 잎사귀나 갈대 잎에 싸서 삼각형으로 묶은 후 찐 음식. 단오절에 굴원(屈原)을 기리기 위한 풍습
- 丰富 [fēngfù] [형] 풍부하다, 넉넉하다
- 不见不散 [bú jiàn bú sàn]
  [성어] 만날 때까지 기다리다
- 准时 [zhǔnshí] [부] 정시에, 제때에

팔선생 표현학습

1 大家分成不同的队 모두 서로 다른 팀으로 나뉘어

결과보어 '成'은 동사 뒤에 쓰여 어떤 형태로 변화가 일어났음을 나타낸다.

[예] 我已经把英语翻译成韩语了。 나는 이미 영어를 한국어로 번역해 놨다.
树叶都变成红的了。 나뭇잎이 모두 빨갛게 되었다.

2 在龙船中进行划船比赛。 롱조우에서 노젓기 시합을 진행한다.

'进行'은 동사의 특성상 뒤에 2음절 동사만을 목적어로 한다.
* 2음절 동사만을 목적어로 취하는 동사 : 进行, 加以, 难以, 开始 등이 있다.

[예] 关于地球能源问题, 发达国家正在进行讨论呢。
지구 에너지 문제에 관해, 선진국은 토론을 진행하고 있다.
这个消息简直难以相信! 이 소식은 정말로 믿기가 어렵다.

3 我从来没有参加过这样的活动。 나는 여태껏 이러한 행사에 참가해 본 적이 없다.

'从来'는 과거에서 현재까지 상태를 설명하는 부사로 대체로 뒤에 부정부사 '不, 没'와 함께 오는 경우가 많다.
* 从来没+동사+过
* 从来不+동사

[예] 母亲从来没去过农村。 어머니는 농촌에 여태껏 한번도 가신 적이 없다.
由于健康问题, 他从来不吃肉。 건강 문제로, 그는 고기를 전혀 안 먹는다.

본문 2

介绍中国的主要节假日

中国的节假日很多。既有国际性的节日，也有中国人自己的节日。刚来中国的时候，真是吓了一跳。原来中国人每年可以休息这么多天！每次三天以上的假期一年就有6次！1月1日是中国的元旦，一般放假3天。接下来的就是春节。春节是中国人最重视的节日，一般都会放假7天以上。这一天所有的人都会回家团圆，和家人一起吃一顿热腾腾的年夜饭。4月4日清明节、5月1日劳动节，还有农历5月5日端午节，农历8月15中秋节也都放假三天。这个时候不仅会举行传统的节日活动，还能吃到各色各样的传统美食。最后还有10月1日的国庆节，也有7天的假期。这是因为中国的地域广大，探亲访友的距离也比较远，所以需要比较长的假期。但是近年来放长假也让大家有了更多消费的机会，无形中拉动了国民经济。

1. 中国每年有哪些节日？请举例说明。
2. 中国人过节的时候都做些什么？
3. 中国的假期为什么这么长？

단어학습

- 既……, 也…… [jì……, yě……] 하고 (또) ~하다
- 吓 [xià] [동] 무서워하다, 두려워하다 [동] 놀라다, 무섭게 하다, 두렵게 하다
- 跳 [tiào] [동] 뛰다, 도약하다
- 接下来 [jiē xiàlai] 다음으로, 이어서
  * 뒤에 나오는 내용을 소개할 때 쓰이는 말임
- 重视 [zhòngshì] [동] 중시하다, 중요시하다 ↔ 小看 xiǎokàn, 轻视 qīngshì
- 团圆 [tuányuán] [동] 흩어졌다가 다시 모이다
- 年夜饭 [niányèfàn] [명] 제야에 먹는 음식
- 农历 [nónglì] [명] 음력 =旧历 jiùlì
- 举行 [jǔxíng] [동] 거행하다
- 各色各样 [gè sè gè yàng] 각양각색, 각종
- 传统美食 [chuántǒng měishí] 전통 미식
- 地域 [dìyù] [명] 지역, 본고장, 본토(本土)
- 广大 [guǎngdà] [형] 광대하다, 크고 넓다
- 探亲 [tànqīn] [동] 가족 (친척)을 방문하다
- 访友 [fǎngyǒu] [동] 친구를 찾아가다
- 距离 [jùlí] [명] 거리, 간격 [동] (~로부터) 떨어지다
- 消费 [xiāofèi] [동] 소비하다
- 无形 [wúxíng] [부] 무형의, 모르는 사이에 ↔ 有形
- 拉动 [lādòng] [동] 촉진하다, 적극적으로 이끌다
- 国民经济 [guómín jīngjì] 국민경제

팔선생 표현학습

1 既有国际性的节日, 也有中国人自己的节日。
국제적인 기념일도 있고, 또한 중국인 자체적인 일도 있다.

> 부사 구문 : 既 A, 也 B (A이면서 B이다.) 2가지 상황이 동시에 존재함을 나타낸다.

[예] 在国外留学, 既要努力学习, 也要注意身体。
외국에서 유학하면 공부도 열심히 해야 하고, 또한 건강에도 주의해야 한다.
学习外语, 既要练习听、说, 也要练习读、写。
외국어를 배우려면, 듣기와 말하기를 연습해야 하며, 또한 읽기와 쓰기도 연습해야만 한다.

2 刚来中国的时候, 真是吓了一跳。 막 중국에 왔을 때, 정말 놀랐다.

> 동사나 명사를 양사처럼 사용하기도 하는데(차용 양사), 자주 사용되는 차용 양사는 아래와 같다.
> 看了一眼 : 한번 힐끔 보았다   吓了一跳 : 한번 놀랐다(심장이 한번 뜀)
> 踢了一脚 : 한번 뻥 찼다   咬了一口 : 한입 덥석 물었다

[예] 他抬起头来, 看了我一眼。 그는 고개를 들어서, 나를 한번 힐끔 보았다.
他一看红苹果就咬了一口。 그는 빨간 사과를 보자마자 한입 덥석 물었다.

3 和家人一起吃一顿热腾腾的年夜饭
가족과 함께 뜨끈뜨끈한 제야 음식을 먹는다.

> 일부 형용사 중첩 형태 중에는 'ABB' 형도 있는데, 생생하게 묘사를 하는 역할을 한다.
> 热腾腾 뜨끈뜨끈한   胖乎乎 오동통한
> 干巴巴 바삭바삭한   黑洞洞 어두컴컴한

[예] 我丈夫长得胖乎乎的。 내 남편은 통통하게 생겼다.
我看见一只小狗从黑洞洞的地方跳出来。 나는 어두운 곳에서 강아지 한 마리가 튀어나오는 것을 봤다.

연습문제

제12과

1. 대화를 듣고 질문에 대한 알맞은 답을 고르시오.

   ❶ (   )
   A 端午节
   B 篮球比赛
   C 周末去旅游的计划

   ❷ (   )
   A 女的以前参加过划船比赛。
   B 不仅可以看到龙舟比赛, 还可以吃到粽子。
   C 女的对龙舟比赛没有兴趣。

2. 들려주는 한 단락의 내용을 듣고 묻는 질문에 알맞은 대답을 고르시오.

   ❶ A 清明节　　　B 劳动节　　　　C 春节

   ❷ A 中秋节、春节　B 国庆节、春节　　C 元旦、端午节

3. 아래의 밑줄 친 부분에 알맞은 답을 고르시오.

   > 中国的节日很多。 1)   有国际性的节日, 也有中国人自己的节日。刚来中国的时候, 真是 2)   。原来中国人每年可以休息这么多天! 每次三天以上的假期一年就有6次! 1月1日是中国的元旦, 一般放假3天。接下来的就是春节。春节是中国人最重视的节日, 一般都会放假7天以上。这一天所有的人都会回家团圆, 和家人一起吃一顿 3)   的年夜饭。4月4日清明节、5月1日劳动节, 还有农历5月5日端午节, 农历8月15中秋节也都放假三天。

   ❶ A 没　　　　B 既　　　　C 并　　　　D 还
   ❷ A 咬了一口　B 看了一眼　C 打了一拳　D 吓了一跳
   ❸ A 热腾腾　　B 胖乎乎　　C 绿油油　　D 黑洞洞

4. 아래의 단어들을 배열하여 완전한 문장으로 만드시오.

① 从来　参加过　这样的活动　我　没有

_____

② 这个消息　难以　简直　相信

_____

③ 所有的人　回家　都会　这一天　团员

_____

5. 다음 제시된 표현을 이용하여 중국어로 작문하시오.

① 사람들 다른 팀으로 나누어, 드래곤보트에서 경기를 진행한다. (进行比赛)

_____

② 외국어를 배우려면, 듣기와 말하기를 연습해야 하며, 또한 읽기와 쓰기도 연습해야만 한다. (既……也)

_____

③ 나는 이미 영어를 한국어로 번역해 놨다. (翻译成)

_____

★ Activity ★

아래 제시된 한국의 단오절에 대한 글을 읽고, 중국 친구에게 한국의 단오절을 소개하는 글을 써서 발표해 보자.

> 단오절은 음력(阴历) 5월 5일로 '한중일' 3개국이 모두 지키는 명절(节日)이다. 한국의 단오날은 고려시대 9대 명절, 조선시대 4대 명절에 속한다. 우선 그 특징을 살펴보면, '창포물에 머리감기(用菖蒲汤洗头)'가 대표적인 행사이다. 단오의 대표적인 놀이로는 여성들의 놀이인 그네뛰기(秋千之戏)와 이와 쌍벽을 이루는 대표적인 남성들의 놀이인 씨름(摔跤)이 있다. 당시 대회에 이긴 사람은 상으로 황소를 주었다고 한다. 그 외에 단오절 행사로는 단오제(端午祭), 단오굿(端午跳神), 부채 만들기(做扇子)가 있고 음식으로는 쑥 잎을 따다 찌고 멥쌀 가루를 넣어 반죽을 하여 초록색 빛이 나는 '수리떡'을 만들어 먹었다.

虽然阴历五月五号韩国和中国都过端午节，但端午节当天吃的玩儿的有所不同。

韩国端午节 _____

中国端午节 _____

중국문화 산책

중국의 문화대혁명

개혁 개방 이후 중국은 무시할 수 없는 경제대국으로 성장했고, 매년 9퍼센트 이상의 엄청난 속도로 성장하고 있다. 부강한 중국을 바라던 마오쩌둥의 꿈은 아이러니하게도 그가 경계하던 자본주의를 통해서 달성된 셈이다. 20세기의 중국은 극단과 실험이 공존하고, 사회주의와 자본주의가 공존하고 있다. 마오쩌둥(毛澤東)의 중국과 덩샤오핑(邓小平)의 중국을 겪으면서 중국은 왜 중국식 자본주의를 선택하게 되었을까? 그 원인 중 한 가지로는 독일 나치의 파시즘과 함께 가장 비극적인 역사로 꼽히는 문화대혁명이 존재한다.

1949년 중화인민공화국이 건국된다. 건국 후 마오쩌둥이 가장 먼저 시행한 것은 토지개혁이었다. 지주의 토지를 몰수해서 농민들에게 분배함으로써 사회주의적 이상을 실현하려 했던 것이다. 토지개혁에 성공한 마오쩌둥은 농민들을 대단위로 묶어 인민공사를 설립하게 된다. 이는 주거와 치안 행정 등의 딴웨이(단위)의 일종이기도 한다. 인민공사는 공산주의 이상을 급속히 실현하고 싶었던 마오쩌둥의 이상을 반영하고 있는데, 생산과 분배 이외에 생활의 모든 부분이 인민공사에 포함되어 있었다. 식사 또한 식당에서 단체로 이루어졌다.

또한 마오쩌둥은 중국을 선진 공업국가로 끌어올리기 위해 '대약진운동(중국정부가 시행한 경제 고속 성장 정책)'을 전개한다. 15년 내에 영국을 따라잡겠다는 목표로 운동을 전개했지만 결과는 참담했고, 수많은 인민들의 목숨이 희생되었다. 이 대약진 운동의 실패로 마오의 공산당 내에서의 위상은 떨어지게 된다.

당시 문화대혁명의 선두에 선 것은 어린 홍위병들이었다. 이들은 마오쩌둥의 어록을 암송하고 사상을 익히며 각지에서 일어났다. 이들은 마오쩌둥의 충실한 수행자를 자처했고, 마오쩌둥은 신격화되고 숭배받았다. 현실과 사상 사이에서 충돌의 모순으로 젊은이들 사이에는 사회를 개혁해야겠다는 정서가 농후해졌으며, 문화대혁명은 이를 표출하는 대상이 되었다.

마오쩌둥은 파괴 속에 창조가 있다고 생각했기에, 홍위병들은 봉건구습을 철폐한다는 미명 아래 전통을 파괴하고, 반우파분자들의 가택수사를 단행했다. 또한 수많은 고위간부와 지식인들이 비판당했고, 그들 중에는 자살로 생을 마감했던 사람도 많았다. 혁명의 미명 아래 폭력이 정당화되고 미화되었던 것이다.

문화대혁명은 점차 광기로 얼룩진 무장투쟁으로 번져갔다. 이미 운동의 본질은 상실한 지 오래였고, 혁명을 시작한 마오쩌둥 역시 상황을 통제할 수 없는 상황에 이르렀다.

이후 후계자로 지목되었던 린뱌오가 마오쩌둥을 암살하려 했다는 혐의를 받고 망명하던 중에 비행기 사고로 사망하고, 이어 마오쩌둥도 사망하게 된다. 문화대혁명의 책임을 추궁당한 사인방이 체포되면서, 문화대혁명은 어두웠던 10년간의 역사를 마감한다.

문화대혁명은 끝났지만 이는 중국인들에게 많은 후유증을 남겼다. 문화대혁명 당시 자라난 사람들은 도덕관념이 없는 '도덕진공' 상태라고 표현되기도 한다. 그만큼 혼란스러운 사회였던 것이다. 이후 중국정부는 문화대혁명을 '당과 국가 인민에게 가장 심한 좌절과 손실을 가져다준 마오쩌둥의 극좌적 오류'였다고 평가한다.

Vol.5 스피킹중심 본문해석

1과 본문 ①

샤오찐: 장사장님, 여기 계셨군요, 한참 찾았습니다!

장사장: 샤오찐, 무슨 일이야?

샤오찐: 한성전자의 이부장님이 오셨어요. 제가 소개해 드릴게요.
이부장님, 이분은 장사장님입니다, 이분은 한성전자의 이유진 부상님입니다.

장사장: 어머, 이부장님, 만나 뵙게 되어 영광입니다!

이부장: 장사장님, 안녕하세요. 만나 뵙게 되어서 기쁩니다. 이건 제 명함입니다.

장사장: 저 역시 말씀 많이 들었습니다. 저희 회사에 오신 걸 환영합니다! 제 명함입니다.

이부장: 감사합니다! 이번에 제가 우리 회사를 대표해서 하반기 판매 계약을 맺으러 왔습니다!

장사장: 그랬군요, 그럼 정말 잘되었지요, 우리 또한 이번 합작을 줄곧 기대했거든요!

샤오찐: 장사장님, 그럼 제가 우선 이부장님 모시고 호텔에 가서 정리 좀 하겠습니다.

장사장: 그럼, 먼저 좀 쉬시고, 계약에 관해서는 우리 오후 회의에서 자세히 이야기하죠.

이부장: 네, 그럼 제가 오후에 다시 방문하겠습니다.

1과 본문 ②

우리 회사는 1975년에 설립되었으며 이미 몇 십 년의 역사를 지니고 있습니다. 한국에서 아주 유명한 전자제조회사이며, 주로 텔레비전, 에어컨, 냉장고, 전자레인지 및 컴퓨터를 생산하고 있습니다. 서울에서 남쪽으로 십 몇 킬로미터 떨어진 곳에 위치하고 도심과의 거리도 적절합니다. 교통은 비교적 편리하며 환경 또한 아름답습니다. 우리 회사는 현재 200명 남짓의 직원이 있으며 대부분 한국 사람이며 중국, 미국, 일본인도 있습니다. 평상시, 모두 함께 일하며 여가시간에 함께 모여 '담소를 나누며' 혹은 각종 문화체육 활동에 참가하는데 매우 재미있습니다. 외국인 동료들과의 왕래를 통해 우리는 외국의 문화를 더욱 이해할 수 있게 되었고 게다가 회사의 분위기 또한 더 좋아졌습니다.

2과 본문 ①

장사장: 이부장, 어서 들어오십시오.

이부장: 장사장님, 오래 기다리게 해서 죄송합니다. 이 음식점 정말 좋아 보이네요!

장사장: 마음에 드신다니 다행입니다. 오늘 저녁에 제가 정통 중국음식을 맛 보여 드릴게요. 어떤 안 드시는 음식이라도 있나요?

이부장: 일반적으로는 별 문제 없는데 시앙차이는 그닥 좋아하지 않습니다. 맛이 너무 특이해서요.

장사장: 그럼 매운 것은 드실 수 있으십니까?

이부장: 네, 매운 것 좋아합니다. 한국음식도 어떤 것은 비교적 매우니까요.

장사장: 그렇습니까! 그럼 오늘 저녁에 쓰촨요리 드시는 게 어떻습니까?

이부장: 좋습니다. 제가 이미 쓰촨요리는 매운맛으로 유명하다고 들은 적 있어요. 오늘 드디어 오리지널을 먹을 기회가 생겼네요!

장사장: 그러면 우리 음식을 시키지요. 메뉴판 좀 보십시오.

이부장: 저는 잘 모르니, 장사장님이 주문하십시오.

2과 본문 ②

중국인은 음식에 대해 매우 중시한다. 각 지역 사람들의 입맛이 모두 그다지 같지 않아서 중국음식의 종류도 매우 다양하다. 일반적으로 8대 요리 계통으로 나눌 수 있다. 광동요리, 후난요리, 푸지앤요리, 쓰촨요리, 찌앙쑤요리, 쩌지앙요리, 산동요리와 안후이요리가 있다. 이 몇 지역의 음식은 모두 각자의 특징이 있다. 어떤 것은 원료가 풍부하고, 어떤 것은 시큼하며, 어떤 것은 맛이 신선하고, 어떤 것은 얼큰하고 향긋하다. 총괄해서 말해 보자면 서로 다르다는 것이다. 게다가, 중국에서 일반적으로 북방인은 면 먹는 것을 좋아하고, 반면 남방인은 쌀밥 먹는 것을 더욱 좋아한다. 이것은 중국북방의 기후에는 밀을 심는 것이 적합하나 남방은 벼가 자라기 적합하기 때문이다. 그러나, 현재 각지 사람들이 전국적으로 이동하면서 자신의 음식문화를 다른 지역으로 가져왔다. 그래서 중국의 어느 곳이든 각

Vol.5 스피킹중심 본문해석

지의 각양각색의 유명 음식을 맛볼 수 있다.

3과 본문 ❶

환자: 의사 선생님, 안녕하세요.

의사: 안녕하세요, 어디가 아프신가요?

환자: 배가 아파요. 위가 아파서 음식이 먹고 싶지 않아요, 게다가 속이 메슥거려요.

의사: 이런 상태가 얼마나 지속되었나요?

환자: 아침부터 이랬어요. 제가 위 통증을 치료하는 약을 좀 사서 먹었는데도 효과가 없네요.

의사: 환자분은 급성위염입니다. 비위생적인 음식을 먹지는 않았나요?

환자: 아! 제가 아침에 급히 가느라 밥 먹을 시간이 없어서, 바깥 노점에서 훈툰 한 그릇을 먹었어요.

의사: 그럼 맞네요. 바깥 몇몇 야외 노점은 그다지 위생적이지 않아서 최대한 안가는 게 나아요.

환자: 선생님 말씀이 맞습니다!

의사: 제가 먹는 약 좀 지어드릴 테니, 조제량에 따라 하루에 3번 먹고 별도로 3일간 링거를 좀 맞지요.

환자: 에휴, 일시적인 편리함을 바랬더니 오히려 더 번거로워졌네요. 진짜 수지 타산이 안 맞네요!

3과 본문 ❷

어제, 내 미국 친구인 안나는 병이 났다. 내가 중의원에 데려갔다. 중의는 중국의 전통적인 의술을 가리킨다. 한국의 전통의학인 '한의원'과 매우 흡사하다. 중의의 치료 방법은 여러 종류가 있다. 그 중 가장 유명한 것이 침술일 것이다. 침술은 한 가닥 한 가닥 머리카락처럼 얇은 은침을 환자의 몸에 찔러 사용한다. 안나가 말하길, 자신의 침 맞는 모습이 마치 고슴도치 한 마리와 닮았단다. 보기에는 비록 '무서워' 보여도, 침으로 찔러 사람의 신체 혈을 자극하여 질병을 치료할 수 있다. 중국 옛말에 '좋은 약은 입에 쓰고 병에 이롭다'라는 말이 있는데, 그 말은 중의 의사가 각종 제초약을 조제한 중약을 사용하여 비록 '이 약의 맛이 쓰지만, 사람을 건강하게 회복시킬 수 있다'는 것

을 의미한다. 외국친구들도 중의는 매우 '신기'하다고 느낀다.

4과 본문 ❶

리우샤오만: 장형, 어디 가시는 길입니까?

장 화: 오늘은 주말이고 해서 부인이랑 탁구 치러 가려고.

리우샤오만: 와아, 형님네 집의 여가 생활은 정말 풍부하네요!

장 화: 이봐, 와이프는 탁구 치는 걸 좋아하고, 나는 장기 두는 걸 좋아하는데, 아들은 수영하는 걸 좋아해서 진짜 구미 맞추기가 어려워.

리우샤오만: 그렇군요. 그러면 온 가족이 함께 새로운 취미를 길러 보는 게 낫겠네요, 그럼 다 해결되는 게 아니겠어요!

장 화: 그 말도 맞겠네, 평상시 시간 나면 무슨 일 하나?

리우샤오만: 저는 평상시에 업무로 바쁜데 주말에 겨우 좀 쉴 수 있어서요, 밖에 운동하러 나가기도 싫고, 그냥 집에서 꽃도 돌보고 새도 길러요.

장 화: 그것도 좋구만, 취미생활도 풍부할 뿐 아니라, 마음 수양도 할 수 있으니까. 아이고, 말만 늘어 놓았네. 빨리 가 봐야겠어, 나중에 봐!

리우샤오만: 네, 잘 가십시오.

4과 본문 ❷

현대인의 생활과 일은 매우 복잡하고 바쁘다. 쉴 때는 대다수 사람들은 자신이 좋아하는 활동을 하며 스트레스를 없애고 자신을 편안하게 해준다. 이러한 여가 생활의 종류는 매우 다양하다. 자주 보는 것으로는 체육, 기예 학습, 여행, 독서, 원예, 우표 수집, 수공예, 낚시 등등이 있다. 그러나, 몇몇 사람들은 이미 다른 사람과 취미가 같은 것에 더 이상 만족하지 않아서 자신의 취미가 남들과 다르길 바란다. 예를 들면, 게코도마뱀이나 도마뱀류 등 특히 자주 볼 수 없는 애완동물을 기르거나, 암벽타기 등 자극적인 옥외 활동을 하거나, 심지어 각종 공연 입장표 등 특별한 물품을 모은다.

Vol.5 스피킹중심 본문해석

여가 시간에 취미를 기르는 것을 통해 우리의 몸과 마음을 수양할 수 있을 뿐 아니라 사람의 성격 또한 갈고 닦을 수 있게 된다. 그러나, 여전히 많은 사람들의 생활은 일이 우선이어서 여가 휴식을 충분히 즐길 수 없으며, 쉬는 때에도 집에서만 머물며 휴식을 취한다. 이로 보아, 일과 여가 휴식 둘 다 잘하는 것은 결코 쉬운 일이 아닌 듯 하다.

5과 본문 ❶

왕원스: 지훈, 너 들었니? 우리 과에서 자체적으로 준비하여 여행을 조직한대.

최지훈: 그래? 나 아직 모르는데. 언제 간대?

왕원스: 듣기론 다음주 금요일이래.

최지훈: 어느 곳으로 간대?

왕원스: 아마도 장가계일 거야. 너 중국에 온 지 이렇게 오래 되었는데 어느 지역 여행 가 봤어?

최지훈: 나는 등산하는 걸 좋아하기 때문에 첫 번째 여름방학 때 태산 다녀왔어.

왕원스: 그래? 태산은 중국 제일의 명산이라 진작 들었는데도 갈 기회가 없었어.

최지훈: 원스야, 너 어느 지역 여행 가 봤어?

왕원스: 나는 물 있는 곳을 좋아하는 편이라, 윈난 리지앙, 쓰촨의 지우자이거우, 저지앙의 시후에 가 봤어.

최지훈: 네가 간 곳 모두 경치가 수려한 좋은 곳이네!

왕원스: 헤헤, 만약 네가 관심 있으면, 다음 번에 함께 여행 가자!

5과 본문 ❷

만약 당신이 여행하는 것을 좋아한다면 그럼 반드시 중국에 가서 좀 봐야 한다. 중국에서 당신은 각종 다른 특색의 여행 명승지를 찾을 수 있다.

등산을 좋아하는 사람이라면 중국의 오악인 타이산, 화산, 헝산, 항산과 숭산을 가볼 수 있고, 강과 하천과 호수와 바다를 좋아하는 사람이라면 중국의 가장 큰 함수호인 칭하이호수를 가고 아름다운 서호와 하이난 도 등을 갈 수 있다. 만약 당신이 문화고적을 좋아한다면 시안에 가는 것을 추천하는데, 그곳은 중국 13대 왕조의 수도이다. 게다가 시안의 성벽은 중국 명대 때 시공한 것이며 이미 600년 넘는 역사를 가지고 있다. 중국이 현재 가장 온전하게 보존하고 있는 고대 성벽 건축이다. 중국 무술에 관심이 있는 친구들은 허난의 소림사를 빼놓을 수 없으며 그곳의 무술은 세계에서 유명하다. 게다가 중국 각지에는 자신의 대표 음식이 있다. 여행하는 동시에 모두 각지 다른 맛의 길거리 음식(간식)을 맛볼 수 있으니 정말 일거양득이다.

6과 본문 ❶

샤오짠: 안녕하세요, 방 예약하고 싶은데요, 객실 예약실로 돌려주시길 부탁드릴게요.

프론트: 좋습니다. 기다리세요.

객실부: 안녕하십니까, 이곳은 객실 예약실입니다.

샤오짠: 제가 이번 주 금요일에 객실을 예약하려는데요, 더블룸 있나요?

객실부: 몇 개 필요하십니까?

샤오짠: 두 개 필요합니다.

객실부: 죄송합니다 고객님, 금요일은 더블룸이 하나만 남아있습니다. 매일 1,150위안이구요. 하지만 저희쪽엔 1인실이 있구요, 매일 750위안입니다. 괜찮으십니까?

샤오짠: 방법이 없네요. 그러면 한 개의 더블룸과 일인실 두 개 해야죠.

객실부: 예약하시는 분 성명과 신분증번호와 연락방법을 제공해 주십시오.

샤오짠: (성명은) 김신입니다. (신분증번호)는 6212325 198105181557, 전화는13812342587입니다. 만약 예약 취소가 필요하면 어쩌지요?

객실부: 저희는 고객님을 위해 객실을 금요일 오후 3시까지 남겨두겠습니다. 만약 3시 이후에 입실하지 않으시면, 바로 자동 취소됩니다. 전화 거셔서 취소하셔도 됩니다. 예약번호는 2012040 4123입니다.

샤오짠: 알겠습니다. 만약 보류 연장시간을 보류할 필

Vol.5 스피킹중심 본문해석

요가 있다면 제가 다시 전화드리겠습니다.

6과 본문 ❷

중국의 엔터테인먼트업에 대해 말하자면, 가장 보편적인 것이 중식 안마일 것이다. 안마는 또한 투이나라고도 불리는데 역사는 매우 유구하며, 중국 전통의학의 중요한 구성 부분이다. 그것은 손가락 혹은 손바닥의 힘을 사용함으로써 몸의 혈을 누르고 두통을 완화시키며 질병을 치료하고 정신적인 긴장감을 풀어준다. 생활 스트레스가 많거나 일이 복잡하며 바쁘거나, 머리를 과도하게 쓰는 사람에게 매우 적합하다. 특히 발 마사지는 사람으로 하여금 몸과 마음의 긴장을 풀어주고, 매우 편안함을 느끼게 해준다. 안마 외에, 어떤 사람들은 친구들과 함께 노래방에 가서 노래 부르는 것을 즐긴다. 친구와 함께 노래를 부르는 것은 자신의 목소리를 뽐내는 것 뿐 아니라, 노랫소리를 통해 자신으로 하여금 고민하는 일을 잊게끔 해줘서 생활 스트레스를 덜어준다. 그런데 서비스업종 중 여자들에게 가장 인기 있는 것은 아마도 미용(피부 마사지)일 것이다. 편안한 환경에서, 우아한 노래를 들으면서 피부 마사지를 하면 자신이 몇 살 더 젊어진 느낌이 들지 않을까?

7과 본문 ❶

왕원스: 지훈아, 내일 시간 있니? 우리랑 함께 쇼핑하러 가는 거 어때?

최지훈: 미안, 내일 진짜 안 돼. 나 한국 친구 한 명이 중국으로 유학 왔거든, 걔 데리고 집 구하러 가야 돼.

왕원스: 아~ 그렇구나. 요즘은 비수기니까, 집 구하는 거 아마 쉽지는 않을텐데.

최지훈: 그러게 말이야. 우리 어제 하루 종일 찾으러 다녔는데, 적당한 게 없었어.

왕원스: 걔는 어디 살고 싶어하는데?

최지훈: 걔는 방금 와서 낯설기 때문에 학교 부근에 살고 싶어해.

왕원스: 학교 부근의 집은 싸지 않을.

최지훈: 그렇지, 집이 적당하면 가격이 너무 비싸고, 가격이 적당하면 집이 또 별로고.

왕원스: 아, 방법 있다! 니가 걔를 도와 중국친구를 찾아서 함께 살게 하는 거지!

최지훈: 하하, 진짜 좋은 방법이구나! 나는 어째 생각도 못했지!

왕원스: 함께 세 들어 살면 돈도 아낄 수 있고, 또 중국친구랑 말하기 연습도 할 수 있잖아!

최지훈: 응! 나 곧장 걔한테 알려주러 가야겠어!

7과 본문 ❷

어제 나는 은행가서 저축하려는데, 예전의 동료 샤오찐을 우연히 만났다. 우리는 몇 마디 나눴고, 그는 올해 가을에 바로 결혼한다고 말했는데, 오히려 그다지 기쁜 것 같지 않아 보였다. 나는 그에게 어찌 된 영문인지 물어보니 그가 말하길, 결혼이 코앞인데, 결혼할 집을 아직 사지 않은 걸로 걱정하고 있다 했다. 중국이 개혁 개방 이후, 특히 최근 십 몇 년, 집값이 계속 비싼데다 계속해서 오르는 중이다. 심지어 몇몇 젊은이들은 집값 문제 때문에 결혼을 할 수가 없다. 대부분 여자들은 남자친구가 자기 집을 가지기를 바라기 때문이며, 그녀들은 집을 세 내는 것이 수지 타산에도 맞지 않을 뿐 아니라, 안정감도 없다고 느낀다. 이 문제를 해결하기 위해, 대부분의 사람들은 하는 수 없이 은행에 가서 대출 받아 집을 산다. 그러나 어떤 젊은이들은 '뤄훈'을 한다. 뤄훈의 의미는 집을 사지 않고 차를 사지 않고, 또한 예식을 치르지도 않고 단지 혼인증서만 받고 간단하게 결혼하는 것을 말한다. 그러나, '뤄훈'을 받아들일 수 있는 여자는 여전히 많지 않다.

8과 본문 ❶

최지훈: 원스, 어쩐 일이야! 우연이네.

왕원스: 그러게, 너도 쇼핑하러 나왔어?

최지훈: 응, 집에 음향이 고장 나서, 오늘 적당한 게 있나 없나 보려구, 다시 한 대 사야지.

왕원스: 나도 마침 중관촌에 컴퓨터 키보드 사러 갈

Vol.5 스피킹중심 본문해석

건데, 아님 우리 같이 갈까?
최지훈: 그러면 너무 좋지, 내가 전자상품은 잘 모르니까 네가 나랑 같이 골라줘.
왕원스: 중관촌에는 북경 최대의 전자상품 시장이 있어, 전국에서도 유명하고. 거기서 네가 마음에 드는 걸 꼭 찾을 수 있을 거야.
최지훈: 사실은 나도 너무 비싼 건 사고 싶지 않고, 품질이 좋고 가격이 적당하면 돼.
왕원스: 그렇지. 게다가, 요즘 물건은 금방 도태되니깐, 오로지 모양이 예쁜 걸로는 안 돼.
최지훈: 아, 맞다, 우리 둘이 여자라서, 사기 당하는 건 아니겠지?
왕원스: 안심해, 내가 있잖니. 너를 도와 (대신) 가격 흥정할 테니 사기 당할 리 없어.
린러러: 이따가 우리 먼저 전자빌딩 1층에 가자. 듣기론 거기 지금 할인 중이래!

8과 본문 ❷

만약 당신이 외국인이라면, 중국에서 물건 살 때 반드시 주의해야만 합니다. 중국인은 장사할 때 대부분이 가격 흥정이 필요합니다. 오늘 여러분에게 몇 가지 가격 흥정하는 비법을 가르쳐 주겠습니다. 첫 번째, 자신이 사려고 하는 물건을 확실히 하십시오. 더 다녀보고 각 가게의 가격을 비교하십시오. 마음에 드는 가격을 만나면 먼저 급하게 사지 마십시오. 설령 당신이 어떤 물건을 꼭 사고 싶다 하더라도 그것에 대해 칭찬하지 마십시오. 가게 주인은 늘 계속해서 자신의 상품을 칭찬할 것이지만 어떠한 상품도 완벽할 리 만무합니다. 이것이 당신에게 흥정하는 충분한 이유를 제공해줍니다. 두 번째로, 흥정은 경험이 필요합니다. 게다가 흥정 때문에 창피하다고 느끼지 마십시오. 그렇지 않다면 사서 집에 가지고 가는 물건이 그것의 실제 가격보다 훨씬 비쌀 수 있습니다. 그러나, 이상의 방법은 전문 매장이나 대형 쇼핑몰에는 적절하지 않습니다.

9과 본문 ❶

왕원스: 지혜야, 너 들었니? 러러가 남자친구 생겼다네.
이지혜: 그래? 그들은 어떻게 알게 되었다니?
왕원스: 아마 러러가 황산 여행 갔을 때 알게 되었을 거야.
이지혜: 맞다, 나는 중국 남자들이 여자친구한테 특히나 잘한다고 들었는데, 진짜야?
왕원스: 이것 또한 사람마다 다르겠지, 근데 대부분 중국 남자들이 결혼 이후에도 부인을 도와 가사 일을 하지.
이지혜: 그래? 한국에서는 대부분 가사일은 부인이 하는데.
왕원스: 중국에서는, 결혼 후 부인이 계속 일을 하는데 남편과 똑같이 일찍 나가고 늦게 들어오기 때문이지.
이지혜: 그래서 가사일도 두 사람이 함께 하는 거구나, 그렇지? 과거에 대부분의 한국 여자들은 결혼한 후에 전업주부가 되었고, 여자들이 대부분의 가사일을 담당하는 것이 당연한 것이 되어 버렸지. 비록 현재 한국인들이 결혼한 후에도 둘 다 일을 한다 해도, 이러한 관습 때문에 여자들은 아직도 대부분의 가사일을 도맡아 하고 있어.
왕원스: 하하, 어느 나라 여성이건 전업주부는 답답하다고 느끼고 자신의 일을 갖기를 원하는구나.

9과 본문 ❷

나는 오늘 지혜에게 우리 집에서 아빠가 만든 밥이 엄마가 만든 것보다 훨씬 맛있다는 것을 알려줬다.
이것을 듣고 그녀는 매우 놀랐다. 그녀 집에서는 아빠가 거의 가사 일을 하지 않으시며 밥을 하는 것은 더 말할 것도 없기 때문이다. 이러한 상황에서, 중국의 가정문화와 한국의 가정문화는 다소 차이가 나타난다. 중국에서, 아빠 엄마는 매일 아침 8시에 출근을 해서 내내 오후까지 일을 끝낸 다음에야 집에 돌아오신다. 그래서, 아빠와 엄마는 보통 먼저 집에 오는 사람이 밥을 하는 것이지 고정적으로 반드시 부인이 마땅히 해야 하는 일은 결코 아니다. 그런데 지혜 말로는 집에서 엄마는 밖에 나가 일할 필요가 없지만 아빠는 늦게까지 일을 하셔야만 한다 했다. 그래서 엄마는 매일 남

Vol.5 스피킹중심 본문해석

편과 아이들을 돌볼 필요가 있고 당연히 밥하는 것도 포함된다. 사실, 이 두 가정 문화는 어느 것이 더욱 좋고 어느 것이 더 나쁜 것이 아니다. 단지 모든 국가의 실제 상황이 다르기 때문에 나타나는 것이다. 당신 생각은 어떤지?

10과 본문 ①

최지훈: 러러, 지난 주말에 뭐 하러 갔었니?

린러러: 친구 데리고 영화 보러 갔었어.

최지훈: 어떤 영화? 재미있었어?

린러러: 영화 제목은 《실연 33일》이었어. 젊은 감독의 작품이야. 최근에 가장 인기 있지.

최지훈: 주요 내용은 뭐였어?

린러러: 여자가 실연 후 33일의 시간 동안 마음의 치유(회복) 과정을 이야기하는 것이었어. 아주 재미있었어.

최지훈: 네가 볼만한 영화 더 알고 있다면, 나한테 소개 좀 해 봐봐.

린러러: 너 중국 유명한 영화 감독 장이모우 알지?

최지훈: 알지, 나는 그가 감독한 《영웅》도 본 적 있는 걸. 진짜 사람을 감동 시키던데.

린러러: 맞다, 또 펑샤오깡이 있지. 그 또한 내가 특히 좋아하는 영화 감독이야. 그의 《천하무적》보는 걸 추천할게.

최지훈: 나는 예전에 들은 적이 있어, 다음 번에 시간나면 나 꼭 보러 가야지. 그 김에 내 듣기 수준도 올릴 수 있겠다.

10과 본문 ②

중국의 영화에 대해 말하자면, 사람들은 아마도 익숙하지 않을 것이지만 영화 감독을 꼽을 때 '장이모우' 이 이름은 분명히 낯설지는 않을 거라고 생각한다. 그는 중국 영화사상의 제5대 감독 중 가장 유명한 한 분이라 말할 수 있다. 그는 1951년생이며, 중학교를 마친 뒤 농촌으로 가서 노동자를 한 적도 있었다. 후에 그는 자신의 노력을 통해 베이징 영화단과대학에 입학하여 촬영을 공부하고 졸업 후 영화사의 촬영사가 되었다. 1984년에 그의 첫 번째 영화 작품인 《황토지》 촬영을 완성하였고 게다가 중국, 프랑스 등의 다국적 영화제에서 상을 받았다. 이후, 그는 줄곧 계속해서 새로운 작품을 창작하였다. 그의 《붉은 수수밭》, 《귀주이야기》, 《영웅》, 《연인-십면매복》 등의 많은 영화는 중국 국민들이 잘 알고 좋아하는 작품이다. 장이모우 외에도, 천카이거, 펑샤오깡, 리사오홍 등은 모두 80년대 베이징영화단과대학을 졸업한 유명한 영화 감독이다.

11과 본문 ①

샤오찐: 아저씨, 건국문의 똥팡따샤(동방빌딩)로 가요.

기사: 네, 온몸에 땀인걸 보니, 밖에서 오래 기다렸나 봐요?

샤오찐: 네. 몇 십 분을 서 있었어도 빈 차가 없었어요. 차 잡기가 정말 힘드네요.

기사: 오늘은 월요일이기 때문에 사람들이 특히 많지요.

샤오찐: 아저씨, 말씀 좀 해보세요. 도시에 도로가 닦을수록 넓어지고, 닦을수록 많아지는데도 왜 이렇게 여전히 막히는지.

기사: 에효, 길이 넓어지고 많아져도, 차를 사는 사람들 또한 점점 많아지니깐요. 차가 너무 많으니까 당연히 막히는 거지요.

샤오찐: 그도 그렇네요. 지금 차를 사는 것도 싸고, 각종 세금과 비용 또한 하락하니 대부분 가정에서 차를 사는 것을 선택하죠.

기사: 그렇지요. 내가 보기엔 교통 문제를 해결하려면 도로 조건을 개선하는 것 외에 승용차 제한제도를 실행해야만 해요.

샤오찐: 그러게요. 근데 모두에게 지키라고 해야 합니다. 아이고, 아저씨, 빨리 좀 갈 수 있나요? 저 지각하겠어요.

기사: 더 이상 빠를 순 없어요. 더 빠르다간 벌금 딱지 끊어요.

샤오찐: 아, 이번 달 보너스도 또 날라가네요(물거품이네요).

Vol.5 스피킹중심 본문해석

11과 본문 ❷

중국에서, 만약 당신이 멀리 떠나려면, 그럼 당신은 아래의 몇 가지 교통방식을 선택할 수 있다. 시외버스, 기차, 비행기 혹은 여객선. 장거리(시외)버스의 외관은 한국의 버스와 보기에 비슷한데, 안은 매우 다르다. 오랜 시간 앉아 있어야 하기 때문에 기차 내부는 좌석이 아니라 하나하나의 침대이다. 이러한 침대는 한 사람만이 똑바로 누울 수 있어서 그다지 편하지는 않다. 시외 버스 외에, 가장 보편적인 교통방식은 기차일 것이다. 기차는 일반적으로 딱딱한 의자, 딱딱한 침대와 부드러운 침대로 나뉜다. 딱딱한 의자가 가리키는 것은 일반적인 좌석이다. 딱딱한 의자와 딱딱한 침대에 비해, 부드러운 침대의 침대 공간이 비교적 크며, 게다가 침대도 비교적 폭신하다. 앉아서건 잠을 자는 것이건 더욱 편하다. 게다가 기차는 중국의 중요한 장거리 운송 도구이다. 몇 가지 예를 들어 말하자면, 매년 설기간에 기차를 타는 인원수는 1억 4천 명을 초과한다. 여객선 탑승은 중국의 몇몇 남방 지역과 연해 지역에서 사용하는 교통 방식이다. 지리 조건의 제약 때문에, 여객선의 사용은 아주 보편적이진 않다. 비행기를 타는 것이 가장 빠른 교통 방식인데, 비용 또한 비교적 비싸다.

12과 본문 ❶

지훈: 원스야, 너 주말에 무슨 계획 있어?

원스: 나는 친구랑 주말에 드래곤 보트 경기 (용주경기) 보러 가는 걸 상의하고 있었어.

지훈: 드래곤 보트 경기? 그게 뭔데?

원스: 지훈 너 까먹었구나, 토요일이 단오절이잖아! 드래곤 보트 경기는 중국인이 단오절에 하는 스페셜 행사야.

지훈: 아, 알겠다. 한국에도 단오절 있어. 중국의 드래곤 보트 경기는 재미있니?

원스: 당연하지! 시합 때, 사람들은 다른 팀을 나누어서 드래곤 보트에서 노 젓기 시합을 진행하는 거야. 마치 한 마리 한 마리 용들이 물위에서 왔다 갔다 하는 것 같지. 진짜 예뻐!

지훈: 그러면 내가 너희들과 함께 좀 보러 가도 될까? 나 여태껏 이런 행사에 참가한 적 없어.

원스: 그래, 그날 너는 치열한 드래곤 보트 경기를 볼 수 있을 뿐만 아니라, 단오절의 전통음식인 쭝즈를 먹을 수도 있겠다.

지훈: 와, 이렇게 풍부하다니, 그렇담 나 절대로 놓칠 수 없지.

원스: 응, 그러면 우리 토요일 오전 10시에 학교 입구에서 만나자.

지훈: 좋아. 나 반드시 제때 도착할 거야.

12과 본문 ❷

중국의 공휴일은 아주 많다. 국제적인 기념일이 있으며 중국인 자체적인 명절 또한 있다. 막 중국에 왔을 때, 정말 놀랐었다. 중국인은 매년 이렇게 많이 쉴 수 있다니! 매번 3일 이상의 휴가가 일년에 6번에 있다. 1월 1일은 중국의 새해(위앤딴)이며, 일반적으로 3일간의 휴가가 있다. 그 다음은 설이다. 설은 중국인이 가장 중요시하는 명절이며, 일반적으로 7일 이상의 휴가를 낼 수 있다. 이 날은 모든 사람들이 집으로 돌아가서 모이며, 가족과 함께 뜨끈뜨끈한 제야 음식을 먹는다. 4월 4일은 청명절이며, 5월 1일은 노동절, 그리고 음력 5월 5일은 단오절, 음력 8월 15일인 추석 또한 3일을 쉴 수 있다. 이때 전통적인 명절 행사를 진행할 뿐 아니라, 각양각색의 전통 음식을 먹을 수 있다. 마지막으로 10월 1일은 국경절이며 또한 7일간의 휴가가 있다. 이것은 중국의 지역이 넓어, 친척과 친구를 방문하는 거리 또한 비교적 멀기 때문에 어느 정도 긴 휴가가 필요하기 때문이다. 그러나 최근 몇 년 긴 휴가는 또한 사람들로 하여금 더 많은 소비의 기회를 생기게 했기에, 무형 중 국민 경제를 촉진하였다

연습문제 답안

제1과

1. (1) 녹음 대본

정답: A

男: 王经理，您好。见到您很高兴。
女: 我也只是一直听说您的大名，欢迎您来我们公司！
男: 谢谢！ 这次，我是代表我们公司来签订下半年的销售合同的。
女: 是这样啊，那可真是太好了，我们也一直很期待这次合作！
问: 关于这段对话我们可以知道什么？

1. (2) 녹음 대본

정답: B

男: 您先去酒店整理一下行李。待一会儿我找您。
女: 好吧。那咱们关于合同的事儿，下午再说吧。
男: 行，那你大概什么时候来呢？
女: 下午两点左右。
问: 关于这段对话可以知道什么？

2. 녹음 대본

1) 这家公司成立于1975年，已经有几十年的历史了。
2) 我们公司主要生产电视、空调、电冰箱、微波炉、以及电脑。
3) 高丽电子位于首尔市南十几公里，离市区远近适中，交通比较方便，而且环境优美。
4) 我们公司现在有200多名职员，大部分是韩国人，也有中国人、美国人和日本人。

정답: (1) X (2) O (3) X (4) X

3. 1) B 2) C 3) A

4. 1) 运动有利于健康。
   2) 我们一直很期待这次合作！
   3) 我昨天陪妈妈去医院检查身体了。

5. 1) 关于这次考试的通知，你看到了吗？（关于）
   2) 通过李部长，我认识了张经理。（通过）
   3) 这次旅行使我们更加了解中国文化。（使）

제2과

1. (1) 녹음 대본

정답: B

男: 今晚请您尝尝正宗的中国菜。您有没有什么不吃的东西呢？
女: 一般的都没什么问题，不过，我不喜欢吃香菜。味道太特别了。
男: 那您能吃辣的吗？
女: 能啊，我很喜欢吃辣的。韩国菜有的也比较辣。
问: 关于这段对话我们可以知道什么？

1. (2) 녹음 대본

정답: A

女: 今晚就吃四川菜怎么样？
男: 太好了，我早就听说过四川菜是以麻辣著称的。今天终于有机会吃到地道的了！
女: 那咱们就开始点菜吧。请您看看菜单。
男: 我不太懂，还是您来点吧。
问: 关于这段对话我们可以知道什么？

2. 녹음 대본

1) 中国菜一般可以分为八大菜系。
2) 在中国，一般北方人喜欢吃面食，而南方人则更喜欢吃米饭。
3) 因为中国北方的气候适合种植小麦，而南方适合稻谷生长。
4) 无论在中国的哪个地方，都可以吃到各地多种多样的名菜了。

정답: (1) X (2) O (3) X (4) O

3. 1) B 2) C 3) A

4. 1) 南方人是以米饭为主食的。
   2) 中国人对饮食十分注重。

연습문제 답안

3) 中国各地的人把自己的饮食文化带到了别的地方。

5. 1) 今天终于有机会跟他见面了!
   2) 他对旅游感兴趣, 而我则对运动感兴趣。
   3) 无论明天天气好坏, 我们都会去爬山。

6. 1) 鸡丝面 2) 三鲜炸酱面 3) 糖醋肉
   4) 溜三丝 5) 干烹鸡 6) 辣椒鸡

제3과

1. (1) 녹음 대본

   정답: A

   男: 大夫好。
   女: 你好, 哪儿不舒服啊?
   男: 我肚子不太舒服。肠疼, 总是不想吃东西, 有的时候还恶心。
   女: 这种情况持续多长时间了?
   男: 从早上开始就这样了。
   问: 关于这段对话我们可以知道什么?

   (2) 녹음 대본

   정답: C

   女: 你这是急性胃炎。是不是吃了什么不干净的东西啊?
   男: 哎呀! 我早上走得急, 来不及吃饭, 就在外面的小摊上吃了一碗馄饨。
   女: 那就对了。外面有些露天的小摊不太卫生, 还是尽量不要去。
   男: 您说得对!
   女: 我给你开一些口服药, 按照剂量, 一天吃三次, 另外还要打3天吊针。
   问: 关于这段对话我们可以知道什么?

2. 녹음 대본

   1) 昨天我带美国朋友看了中医。
   2) 中医和韩国的传统医学"韩医"十分相似。
   3) 中医的治疗方法有很多种, 其中, 最有名的应该算是针灸。
   4) "良药苦口利于病"说的就是虽然药的味道很苦, 但是能够使人恢复健康。

   정답: (1) X (2) X (3) O (4) O

3. 1) C 2) B 3) A

4. 1) 请你把苹果皮扔在垃圾桶里。
   2) 自己针灸的样子很像一只刺猬。
   3) 外国朋友们都觉得中医非常神奇。

5. 1) 我这几天减肥了, 反而更胖了。
   2) 我跟哥哥的性格正相反呢。
   3) 虽然这种药的味道很苦, 但是能够使人恢复健康。

제4과

1. (1) 녹음 대본

   정답: C

   男: 你这是上哪儿去啊?
   女: 今天是周末, 陪我老公去打乒乓球。
   男: 嚯, 你们家的业余生活还挺丰富的嘛!
   女: 嗨, 我老公喜欢打乒乓球, 我喜欢下象棋, 我儿子喜欢游泳, 真是众口难调啊。
   问: 关于这段对话我们可以知道什么?

   (2) 녹음 대본

   정답: A

   女: 你平时有空都干些什么啊?
   男: 我啊, 平时工作忙, 好不容易周末能歇歇, 也不想出去运动, 就在家养养花, 喂喂鸟。
   女: 也挺好的, 不仅能丰富生活, 还能陶冶人的性情。哎呀, 光顾着说话了, 我得赶紧走了, 回头见!

연습문제 답안

男: 好的, 再见。
问: 关于这段对话我们可以知道什么?

2. 녹음 대본
   1) 现代人的业余生活种类十分多样。
   2) 有些人不愿意和其他人有相同的兴趣。
   3) 有许多人的生活是以工作为中心。
   4) 做到工作和业余休闲两不误并不是一件容易的事。

정답: (1) X (2) O (3) X (4) O

3. 1) A 2) C 3) B

4. 1) 甚至是收集各种演出门票等特别的物品。
   2) 有些人希望自己的爱好能够"独树一帜"。
   3) 许多人无法充分享受业余休闲。

5. 1) 我家里什么东西都有, 不仅有吃的, 喝的, 还有穿的。
   2) 好不容易周末能歇歇。
   3) 与其你去, 不如我去。

제5과

1. (1) 녹음 대본

정답: B

男: 你听说了吗? 咱们系的同学准备自发组织去旅行。
女: 是吗? 我还不知道呢。什么时候去啊?
男: 听说是下周五。
女: 去什么地方啊?
男: 好像是去张家界。
问: 关于这段对话我们可以知道什么?

(2) 녹음 대본

정답: A

女: 你来中国这么长时间了, 去过哪些地方旅游啊?
男: 因为我很喜欢爬山, 所以我第一次暑假的时候就去了泰山。

女: 是吗, 早就听说泰山是中国第一名山, 不过还没有机会去呢。
男: 你去过哪些地方旅游啊?
女: 因为我比较喜欢有水的地方, 所以去了云南丽江, 四川的九寨沟, 还有浙江西湖。
问: 关于这段对话我们可以知道什么?

2. 녹음 대본
   1) 如果你喜欢文化古迹, 那我就推荐你去西安, 那儿是中国十三个王朝的都城。
   2) 西安的城墙是中国明代的时候修建的, 已经有600多年的历史了。
   3) 西安的城墙是中国现今保存最完整的古代城墙建筑。
   4) 对中国武术感兴趣的朋友, 一定不能错过河南的少林寺, 它的武术世界闻名。

정답: (1) X (2) X (3) O (4) O

3. 1) B 2) C 3) A

4. 1) 咱们系准备去旅行。
   2) 中国各地都有自己的代表饮食。
   3) 你可以找到各种不同特色的旅游胜地。

5. 1) 我好像是在学校见过她。
   2) 那个德国人汉语说得可流利了。
   3) 北京在历史上曾是六朝的都成。

제6과

1. (1) 녹음 대본

정답: B

男: 我想预订这个星期五的客房, 有双人间吗?
女: 请问您需要几间?
男: 需要两间。
女: 对不起先生, 星期五只剩下一个双人间了, 每天1150元。不过我们还有单人间, 每天750元, 您看可以吗?

연습문제 답안

男: 没办法, 那就订一个双人间和两个单人间吧。
问: 关于这段对话我们可以知道什么?

(2) 녹음 대본

정답: A

女: 麻烦您提供一下预订人的姓名、身份证号码和联系方式。

男: 如果需要取消预订的话, 怎么办?

女: 我们会为您将客房保留到星期五下午3点, 如果3点之后没有入住, 就会自动取消。您也可以打电话取消。预订号码为20120404123。

男: 好的, 如果需要延长保留时间的话我再给您打电话。

问: 关于这段对话我们可以知道什么?

2. 녹음 대본

1) 说起中国的娱乐服务行业, 最普遍的应该就是中式按摩了。
2) 按摩使用手指、手掌的力量来按压身体的穴道。
3) 推拿可以缓解疼痛, 治疗疾病, 放松精神。
4) 特别是足底按摩, 更是让人感到身心放松, 非常舒服。

정답: (1) X (2) O (3) O (4) O

3. 1) A 2) C 3) B

4. 1) 妈妈让我把剩下的饭吃光。
   2) 姐姐哭得很伤心。
   3) 美容是服务行业中最受女孩子欢迎的。

5. 1) 麻烦你帮我拿一下行李箱。
   2) 最好不要用生日来做银行卡的密码。
   3) 这个产品很受年轻人欢迎。

제7과

1. (1) 녹음 대본

정답: C

男: 明天有时间吗? 和我们一起去逛街怎么样?
女: 对不起, 明天真的不行。我有个韩国朋友来中国留学了, 我得去陪他找房子。
男: 哦, 原来是这样啊。最近是淡季, 房子可能不太好找啊。
女: 可不是吗。我们昨天去找了一整天。也没有合适的。
问: 关于这段对话我们可以知道什么?

1. (2) 녹음 대본

정답: C

女: 你的朋友想在哪儿住啊?
男: 因为他刚来不熟悉, 所以想住在学校附近。
女: 学校附近的房子可不便宜啊。
男: 是啊, 房子合适的, 价格太贵; 价格合适的, 房子又不怎么样。
女: 哎, 有办法了! 你可以帮他找中国朋友一起合租啊!
问: 关于这段对话我们可以知道什么?

2. 녹음 대본

1) 昨天我去银行存钱的时候, 遇见了以前的同事小金。他说他今年秋天就要结婚了。
2) 小金说, 马上要结婚了, 可是结婚的房子还没买, 正在担心呢。
3) 因为大部分女孩子都希望男朋友能有自己的房子, 而且她们觉得租房子既不划算, 又没有安全感。
4) "裸婚"的意思是不买房子, 不买车, 也不举办婚礼, 只领结婚证, 简简单单地结婚。不过, 能接受"裸婚"的女孩子还是不多。

정답: (1) O (2) X (3) O (4) X

3. 1) C 2) B 3) A

4. 1) 他看起来却没那么高兴。

연습문제 답안

　2) 物价还在继续上涨。
　3) 大部分人只好去银行贷款买房。

5. 1) 有一个人在外边儿等你。
　2) 最近是淡季, 房子可能不太好找啊。
　3) 合租的话既可以节省租金, 又可以和中国朋友练习口语!

제8과

1. (1) 녹음 대본

정답: B

女: 家里的音响坏了, 今天来看看有没有合适的, 再买一台。
男: 我正好也要去中关村买电脑键盘, 要不我们一起去?
女: 那可太好了, 我正好不太懂电子产品, 你陪我一起挑吧。
男: 中关村有北京最大的电子产品市场, 在全国也很有名。 在那儿一定能找到你满意的!
问: 关于这段对话我们可以知道什么?

1. (2) 녹음 대본

정답: C

女: 其实我也不想买太贵的, 只要质量好, 价格适中就可以了。
男: 没错。 再说, 现在的东西淘汰得太快了, 只是外表好看可不行啊。
女: 嗯。 对了, 我不会讲价, 该不会受骗吧?
男: 放心, 有我帮你讲价, 不会受骗的。
问: 关于这段对话我们可以知道什么?

2. 녹음 대본

　1) 如果你是一个外国人, 那么, 在中国购物的时候可一定要注意。中国人在做买卖的时候, 大部分是需要讨价还价的。
　2) 明确自己要买的东西, 多逛逛, 比较各家店铺的价格。遇到还算满意的价格先不要急着购买。
　3) 即使你很想买一样东西, 也不要对它赞不绝口。
　4) 讨价还价还需要经验。而且不要因为讲价而觉得丢面子, 否则买回家的东西可能比它的实际价格贵很多。

정답: (1) O (2) X (3) X (4) O

3. 1) C 2) B 3) A

4. 1) 中关村有北京最大的电子产品市场。
　2) 遇到还算满意的价格先不要急着购买。
　3) 任何商品都不可能十全十美。

5. 1) 只要你努力, 就一定能学好汉语。
　2) 这件事让他去办吧, 再说你也实在抽不出时间。
　3) 即使星期天, 他也要去上班。

제9과

1. (1) 녹음 대본

정답: C

女: 你听说了吗? 乐乐有男朋友了。
男: 是吗? 他们是怎么认识的呀?
女: 好像是乐乐去黄山旅行的时候认识的。
男: 对了, 我听说中国的男孩子对女朋友特别好, 真的吗?
女: 这也是因人而异吧, 不过大部分中国男孩子结婚以后都会帮助太太做家务的。
男: 是吗? 在韩国大部分家务还是由太太做。
问: 关于这段对话我们可以知道什么?

1. (2) 녹음 대본

정답: B

男: 这是因为在中国, 婚后太太还会继续工作, 和丈夫一样早出晚归。
女: 所以家务也是两个人一起做, 对吧? 过去大部分韩国女孩子结了婚后会在家做全职主妇, 所以形成了女孩子承担大部分家务的传统。所以现在虽然韩国人结婚后双方都工作, 但是由于这种传统

연습문제 답안

还是女孩子承担大部分家务。
男: 哈哈, 原来不管哪个国家的女孩子都会觉得全职主妇很闷, 想要有自己的工作啊。
问: 关于这段对话我们可以知道什么?

2. 녹음 대본

第1到2题是根据下面的一段话:

我今天告诉智慧, 在我们家, 我爸爸做的饭比我妈妈做的还要好吃。听到这儿, 她非常吃惊。因为在她家里, 她爸爸基本上很少做家务, 更别提做饭了。这样的情况, 是中国的家庭文化和韩国的家庭文化有所差异造成的。在中国, 我的爸爸妈妈每天都是早上8点上班, 一直到下午工作结束才回家。所以, 爸爸和妈妈一般都是谁先到家谁就做饭, 并不是固定地认为做饭一定是太太应该做的事。但是智慧说, 在她家里, 妈妈是不用出去工作的, 但爸爸需要工作到很晚。所以妈妈每天需要照顾丈夫和孩子, 当然也包括做饭了。其实, 这两种家庭文化没有哪一种更好, 哪一种更不好。只是因为每个国家的实际情况不同所造成的。你觉得呢?

1) 问: 说话人的爸爸是什么样的人?
2) 问: 说话人主要谈的是什么内容?

정답: (1) A (2) A

3. 1) B 2) A 3) C

4. 1) 这件事应该由王主任来负责。
　 2) 这面包是专为老年人提供的。
　 3) 只是因为每个国家的实际情况不同所造成的。

5. 1) 谁愿意跟我一起去, 谁就跟我一起去吧。
　 2) 你怎么8点半才来呀!
　 3) 大部分女孩子结了婚后都会在家做全职主妇的。

제10과

1. (1) 녹음 대본

정답: B

女: 你上个周末干什么去了?
男: 我陪朋友看电影去了。
女: 什么片儿啊? 有意思吗?
男: 片名是《失恋33天》, 是一个年轻导演的作品。最近很火的。
女: 主要内容是什么啊?
男: 讲的是一个女孩在失恋后33天的时间里心理恢复的过程。挺有意思的。
问: 关于这段对话我们可以知道什么?

1. (2) 녹음 대본

정답: B

女: 你还知道什么好电影, 给我介绍介绍吧。
男: 你知道中国有名的电影导演张艺谋吗?
女: 知道, 我还看过他导演的《英雄》呢。特别感人。
男: 对了, 还有冯小刚, 他也是一位我特别喜欢的电影导演。我推荐你看看他的《天下无贼》。
女: 我以前就听说过, 下次有空我可要去看看。顺便还可以提高一下我的听力水平。
问: 关于这段对话我们可以知道什么?

2. 녹음 대본

第1到2题是根据下面的一段话:

说起中国的电影大家可能不是特别熟悉, 但是说到电影导演, 我想张艺谋这个名字你一定不陌生吧? 他可以说是中国电影史上第五代导演中最有名的一位。他1951年出生, 只念初中后就去了农村, 之后还当过工人。后来他通过自己的努力考进了北京电影学院学习摄影, 毕业后当了一名电影厂的摄影师。1984年, 他的第一部电影作品《黄土地》拍摄完成, 并且获得了中国、法国等多个国家电影节的奖项。以后, 他一直都在不断地创作新的作品。他的《红高粱》、《秋菊打官司》、《英雄》和《十面埋伏》等很多部电影都是中国老百姓熟悉并且喜爱的作品。除了张艺谋以外, 还有陈凯歌、冯小刚、李少红等人都是八十年代从北京电影学院毕业的有名的电影导演。

1) 问: 张艺谋是什么样的人?
2) 问: 1984年拍摄完成的, 并且获得了中国、法国等多个国家电影节的奖项的作品是哪一部?

연습문제 답안

정답: ⑴ B ⑵ A

3. 1) C 2) D 3) A

4. 1) 这部电影的主演很吸引人。
   2) 冯小刚是一位我特别喜欢的电影导演。
   3) 他的第一部电影作品获得了很多个国家电影节的奖项。

5. 1) 下次有空我可要去看看。
   2) 他一直都在不断地创作新的作品。
   3) 他是在台湾最走红的歌手。

제11과

1. ⑴ 녹음대본

정답: B

女: 师傅, 去建国门的东方大厦。
男: 好咧, 看你这一脑门的汗。在外面等了很长时间了吧?
女: 可不是嘛。站了十几分钟了, 都没有空车。打车可真难啊。
男: 因为今天是星期一, 所以人特别多。
女: 您说说, 这城市里道路越修越宽, 也越修越多, 但为什么还是这么堵啊。
男: 嗨, 路是宽了、多了, 不过买车的人也是越来越多啊。这车太多了, 肯定就堵啊。
问: 他们可能在哪儿?

1. ⑵ 녹음 대본

정답: C

女: 现在买车也便宜, 各种税金和费用也降了, 大部分家庭都选择买车了。
男: 是啊。我看啊, 要想解决交通问题, 除了改善道路条件以外, 还是得实行尾号限行制度。
女: 可不是嘛。不过也得大家都遵守才行啊。哎, 师傅, 能快点? 我要迟到啦。
男: 不能再快啦, 再快就该领罚单了。
女: 唉, 我这个月的奖金又要泡汤了。

问: 关于这段对话我们可以知道什么?

2. 녹음 대본

第1到2题是根据下面的一段话:

在中国, 如果你要出远门, 那么你可以选择下面几种交通方式: 长途客车、火车、飞机或客轮。长途汽车的外观和韩国的巴士看起来差不多, 但是里面十分不同。因为需要长时间乘坐, 所以汽车内部不是座位, 而是一张一张的床铺。这些床只能够一个人平躺, 不是很舒服。除了长途汽车, 最普遍的交通方式应该算是火车了。火车一般分为硬座、硬卧和软卧。硬座指的是一般的座位。比起硬座和硬卧, 软卧的床铺空间比较大, 而且床铺比较柔软。无论是坐着或睡觉还是躺着都更加舒适。而且, 火车是中国最为主要的长途运输工具。比如说, 在每年的春运期间, 乘坐火车的人数都超过1亿4千万次。乘坐客轮是中国部分南方地区和沿海地区使用的交通方式。由于地理条件的限制, 并不普遍使用。乘坐飞机是最快捷的交通方式, 但是费用也比较贵。

1) 问: 你要出远门, 中国的交通工具中没有提到的是什么?
2) 问: 最快捷的交通工具是哪一个?

정답: ⑴ C ⑵ B

3. 1) B 2) C 3) B

4. 1) 我们的日子越过越幸福。
   2) 火车是中国最为主要的长途运输工具。
   3) 汽车内部不是座位, 而是一张一张的床铺。

5. 1) 我这个月的奖金又要泡汤了。
   2) 要取得好成绩, 你得努力学习。
   3) 比如说, 在每年的春运期间, 乘坐火车的人数都超过1亿4千万次。

제12과

1. ⑴ 녹음 대본

정답: A

연습문제 답안

女: 你周末有什么计划啊?
男: 我正和朋友商量周末去看龙舟比赛呢!
女: 龙舟比赛? 那是什么啊?
男: 你忘了, 星期六是端午节啊! 龙舟比赛是中国人在端午节举行的特色活动。
女: 哦, 我明白了, 韩国也有端午节。
问: 他们谈的是什么?

1. (2) 녹음 대본

   정답: B

   女: 中国的龙舟比赛很有意思吗?
   男: 当然了! 比赛的时候, 大家分成不同的队, 在龙船中进行划船比赛。就像一条条龙在水上穿梭, 可漂亮了!
   女: 那我能不能和你们一起去看看啊? 我从来没有参加过这样的活动。
   男: 好啊, 那天你不仅可以看到激烈的龙舟比赛, 还可以吃到端午节的传统饮食——粽子。
   女: 荷, 这么丰富啊, 那我可真不能错过啦!
   问: 关于这段对话我们可以知道什么?

2. 녹음 대본

   第1到2题是根据下面的一段话:

   中国的节假日很多。既有国际性的节日, 也有中国人自己的节日。刚来中国的时候, 真是吓了一跳。原来中国人每年可以休息这么多天! 每次三天以上的假期一年就有6次! 1月1日是中国的元旦, 一般放假3天。接下来的就是春节。春节是中国人最重视的节日, 一般都会放假7天以上。这一天所有的人都会回家团圆, 和家人一起吃一顿热腾腾的年夜饭。4月4日清明节、5月1日劳动节, 还有农历5月5端午节, 农历8月15中秋节也都放假三天。这个时候不仅会举行传统的节日活动, 还能吃到各色各样的传统美食。最后还有10月1日的国庆节, 也有7天的假期。这是因为中国的地域广大, 探亲访友的距离也比较远, 所以需要比较长的假期。但是近年来放长假也让大家有了更多消费的机会, 无形中拉动了国民经济。

   1) 问: 中国人最重视的节日是什么?
   2) 问: 放假7天以上的节日是什么?

   정답: (1) C (2) B

3. 1) B 2) D 3) A

4. 1) 我从来没有参加过这样的活动。
   2) 这个消息简直难以相信!
   3) 这一天所有的人都会回家团圆。

5. 1) 大家分成不同的队, 在龙船中进行比赛。
   2) 学习外语, 既要练习听、说, 也要练习读、写。
   3) 我已经把英语翻译成韩语了。

팔선생의 新HSK 5급 단어

사람의 호칭과 직업명과 관련된 어휘

1. 敌人 [dírén] [명] 적
2. 对方 [duìfāng] [명] 상대방, 상대편
3. 姑娘 [gūniang] [명] 아가씨, 처녀, 딸
4. 女士 [nǚshì] [명] 여사, 부인
5. 太太 [tàitai] [명] 부인, 양사
6. 小伙子 [xiǎohuǒzi] [명] 젊은 청년, 젊은 남자
7. 阿姨 [āyí] [명] 이모, 아주머니
8. 舅舅 [jiùjiu] [명] 외삼촌
9. 姥姥 [lǎolao] [명] 외할머니
10. 妻子 [qīzi] [명] 부인, 아내
11. 亲戚 [qīnqi] [명] 친척
12. 叔叔 [shūshu] [명] 숙부, 아저씨, 삼촌
13. 孙子 [sūnzi] [명] 손자
14. 兄弟 [xiōngdì] [명] 형제
15. 丈夫 [zhàngfu] [명] 남편
16. 祖先 [zǔxiān] [명] 선조, 조상
17. 妇女 [fùnǚ] [명] 부녀, 아녀자
18. 父亲 [fùqīn] [명] 부친, 아버지
19. 姑姑 [gūgu] [명] 고모
20. 客人 [kèrén] [명] 손님
21. 会计 [kuàijì] [명] 회계사, 경리
22. 老百姓 [lǎobǎixìng] [명] 서민, 대중, 일반인, 국민
23. 老板 [lǎobǎn] [명] 사장
24. 博士 [bóshì] [명] 박사
25. 领导 [lǐngdǎo] [명] 지도자, 리더, 지도하다, 이끌다
26. 律师 [lǜshī] [명] 변호사
27. 秘书 [mìshū] [명] 비서
28. 明星 [míngxīng] [명] 스타, 배우
29. 农民 [nóngmín] [명] 농민
30. 师傅 [shīfu] [명] 기술자, 사부
31. 士兵 [shìbīng] [명] 사병
32. 售货员 [shòuhuòyuán] [명] 점원
33. 硕士 [shuòshì] [명] 석사
34. 王子 [wángzǐ] [명] 왕자
35. 小偷 [xiǎotōu] [명] 도둑
36. 行人 [xíngrén] [명] 행인
37. 研究生 [yánjiūshēng] [명] 연구생, 대학원생
38. 演员 [yǎnyuán] [명] 배우, 연기자
39. 医生 [yīshēng] [명] 의사
40. 志愿者 [zhìyuànzhě] [명] 지원자
41. 专家 [zhuānjiā] [명] 전문가
42. 总裁 [zǒngcái] [명] 총재
43. 总理 [zǒnglǐ] [명] (국가의) 총리
44. 总统 [zǒngtǒng] [명] 대통령, 총통
45. 罪犯 [zuìfàn] [명] 범인, 죄인
46. 作者 [zuòzhě] [명] 작가
47. 班主任 [bānzhǔrèn] [명] 담임 선생님
48. 导演 [dǎoyǎn] [명] 감독
49. 导游 [dǎoyóu] [명] 관광 안내원, 가이드
50. 儿童 [értóng] [명] 아동, 어린이
51. 房东 [fángdōng] [명] 집주인
52. 公主 [gōngzhǔ] [명] 공주
53. 工程师 [gōngchéngshī] [명] 엔지니어
54. 工人 [gōngrén] [명] 노동자
55. 顾客 [gùkè] [명] 고객, 손님
56. 冠军 [guànjūn] [명] 챔피언, 우승자, 1등
57. 护士 [hùshi] [명] 간호사
58. 皇帝 [huángdì] [명] 황제
59. 皇后 [huánghòu] [명] 황후
60. 伙伴 [huǒbàn] [명] 동반자
61. 记者 [jìzhě] [명] 기자
62. 教练 [jiàoliàn] [명] 교련, 코치 [동] 훈련하다
63. 教授 [jiàoshòu] [명] 교수
64. 解说员 [jiěshuōyuán] [명] 해설원
65. 经理 [jīnglǐ] [명] 사장 지배인
66. 警察 [jǐngchá] [명] 경찰

인체 부위와 관련된 어휘

1. 背 [bèi] [명] 등
2. 鼻子 [bízi] [명] 코
3. 脖子 [bózi] [명] 목

4. 肚子 [dùzi] [명] 배(인체)
5. 耳朵 [ěrduo] [명] 귀
6. 肺 [fèi] [명] 폐, 허파
7. 胳膊 [gēbo] [명] 팔
8. 肩膀 [jiānbǎng] [명] 어깨
9. 脚 [jiǎo] [명] 발
10. 脸 [liǎn] [명] 얼굴
11. 毛 [máo] [명] 털, 수염
12. 眉毛 [méimao] [명] 눈썹
13. 脑袋 [nǎodai] [명] 머리, 두뇌, 지능
14. 皮肤 [pífū] [명] 피부
15. 舌头 [shétou] [명] 혀
16. 身材 [shēncái] [명] 몸매, 몸
17. 手指 [shǒuzhǐ] [명] 손가락
18. 头发 [tóufa] [명] 머리카락, 두발
19. 腿 [tuǐ] [명] 다리
20. 胃 [wèi] [명] 위
21. 心脏 [xīnzàng] [명] 심장
22. 胸 [xiōng] [명] 가슴
23. 血 [xuè] [명] 피
24. 腰 [yāo] [명] 허리
25. 嘴 [zuǐ] [명] 입
26. 个子 [gèzi] [명] 기, 체격, 크기, 몸집

외모 묘사와 관련된 어휘

1. 魅力 [mèilì] [명] 매력
2. 矮 [ǎi] [형] 키가 작다, 높이가 낮다
3. 丑 [chǒu] [형] 못생기다, 추하다, 나쁘다
4. 可爱 [kě'ài] [형] 귀엽다
5. 老 [lǎo] [형] 나이 먹다, 늙다, 항상, 늘
6. 美丽 [měilì] [형] 아름답다
7. 苗条 [miáotiao] [형] 날씬하다
8. 年轻 [niánqīng] [형] 젊다, 어리다
9. 瘦 [shòu] [형] 마르다
10. 帅 [shuài] [형] (남자) 멋있다
11. 英俊 [yīngjùn] [형] 잘생기다, 재능이 출중하다

12. 优美 [yōuměi] [형] 아름답다
13. 残疾 [cánjí] [명] 불구, 장애, 장애인

성격 묘사와 관련된 어휘

1. 坚强 [jiānqiáng] [형] 강인하다, 굳세다
2. 活泼 [huópo] [형] 활발하다, 생기가 있다
3. 活跃 [huóyuè] [형] 활기를 띠게 하다, 활약하다
4. 积极 [jījí] [형] 적극적이다, 진취적이다
5. 独特 [dútè] [형] 독특하다, 특별하다, 우수하다
6. 得意 [dé//yì] [형] 뜻을 얻다, 의기양양하다
7. 粗心 [cūxīn] [형] 부주의하다
8. 单纯 [dānchún] [형] 단순하다 [부] 오로지, 단순히
9. 诚实 [chéngshí] [형] 성실하다, 참되다, 진실하다
10. 成熟 [chéngshú] [형] 성숙하다
11. 安静 [ānjìng] [형] 조용하다

동작 묘사와 관련된 어휘

1. 摆 [bǎi] [동] 흔들다, 젓다, 벌여놓다, 진열하다
2. 抱 [bào] [동] 안다, 포옹하다, (의견, 생각을) 품다
3. 擦 [cā] [동] 마찰하다, 문지르다
4. 踩 [cǎi] [동] 밟다, 짓밟다
5. 带 [dài] [동] 지니다, 휴대하다
6. 戴 [dài] [동] 착용하다, 쓰다, 몸에 지니다
7. 点头 [diǎntóu] [동] 고개를 끄덕이다
8. 蹲 [dūn] [동] 쪼그리고 앉다, 감금당하다
9. 扶 [fú] [동] 짚다, 기대다, 의지하다, 일으키다, 지탱하다
10. 呼吸 [hūxī] [명] 호흡 [동] 호흡하다
11. 接触 [jiēchù] [동] 만나다, 접촉하다
12. 举 [jǔ] [동] 들다
13. 拉 [lā] [동] 끌다, 끌어당기다
14. 摸 [mō] [동] 쓰다듬다, 매만지다
15. 拍 [pāi] [동] 치다, 두드리다
16. 披 [pī] [동] 걸치다, 덮다
17. 瞧 [qiáo] [동] 보다
18. 伸 [shēn] [동] (신체의 일부를) 내밀다, 뻗다
19. 吐 [tù] [동] 토하다, 게워내다

 팔선생의 新HSK 5급 단어

20. 吻 [wěn] [동] 입맞춤을 하다
21. 握手 [wòshǒu] [동] 악수하다, 손을 잡다
22. 像 [xiàng] [동] 닮다, 비슷하다
23. 摇 [yáo] [동] 흔들다
24. 咬 [yǎo] [동] 베어 물다, 물다
25. 拥抱 [yōngbào] [동] 포옹하다, 껴안다
26. 睁 [zhēng] [동] 눈을 뜨다
27. 搬 [bān] [동] 옮기다, 운반하다

삶과 일상에 관련된 어휘

1. 出生 [chūshēng] [동] 태어나다
2. 婚礼 [hūnlǐ] [명] 결혼식
3. 婚姻 [hūnyīn] [명] 혼인, 결혼
4. 家庭 [jiātíng] [명] 가정
5. 嫁 [jià] [동] 시집가다
6. 离婚 [líhūn] [동] 이혼하다
7. 娶 [qǔ] [동] 장가가다, 신부를 맞이하다
8. 住 [zhù] [동] 살다
9. 打扫 [dǎsǎo] [동] 청소하다
10. 家务 [jiātíng] [명] 가사, 집안일
11. 乱 [luàn] [형] 엉망이다, 혼란하다, 함부로, 제멋대로
12. 梦 [mèng] [명] 꿈
13. 失眠 [shīmián] [동] 잠을 못 이루다
14. 收拾 [shōushi] [동] 정리하다, 치우다
15. 刷牙 [shuāyá] [동] 이를 닦다
16. 躺 [tǎng] [동] 눕다
17. 洗澡 [xǐzǎo] [동] 목욕하다
18. 醒 [xǐng] [동] 깨어나다, 깨다
19. 休闲 [xiūxián] [동] 한가하다, 레저 활동을 하다
20. 邀请 [yāoqǐng] [동] 초청하다, 초대하다
21. 整理 [zhěnglǐ] [동] 정리하다

위치, 장소, 건축물과 관련된 어휘

1. 厕所 [cèsuǒ] [명] 화장실
2. 抽屉 [chōuti] [명] 서랍
3. 厨房 [chúfáng] [명] 주방, 부엌
4. 隔壁 [gébì] [명] 이웃집, 옆집
5. 公寓 [gōngyù] [명] 아파트
6. 豪华 [háohuá] [형] 호화롭다, 사치스럽다
7. 客厅 [kètīng] [명] 거실
8. 空调 [kōngtiáo] [명] 에어컨
9. 邻居 [línjū] [명] 이웃
10. 楼 [lóu] [명] 건물, 층
11. 门 [mén] [명] 문
12. 墙 [qiáng] [명] 벽
13. 台阶 [táijiē] [명] 계단, 층계
14. 卫生间 [wèishēngjiān] [명] 화장실
15. 卧室 [wòshì] [명] 침실
16. 屋子 [wūzi] [명] 방
17. 洗手间 [xǐshǒujiān] [명] 화장실
18. 阳台 [yángtái] [명] 베란다, 발코니
19. 装饰 [zhuāngshì] [동] 장식하다, 꾸미다

일상 생활에서 흔히 접하는 사물 및 대상 관련 어휘

1. 报纸 [bàozhǐ] [명] 신문
2. 杯子 [bēizi] [명] 잔(술)
3. 被子 [bèizi] [명] 이불
4. 冰箱 [bīngxiāng] [명] 전기 냉장고의 약칭, 아이스박스
5. 玻璃 [bōli] [명] 유리
6. 叉子 [chāzi] [명] 포크
7. 超市 [chāoshì] [명] 슈퍼마켓
8. 充电器 [chōngdiànqì] [명] 충전기
9. 宠物 [chǒngwù] [명] 애완동물
10. 刀 [dāo] [명] 칼, 칼처럼 생긴 물건
11. 肥皂 [féizào] [명] 비누
12. 锅 [guō] [명] 솥, 냄비, 가마
13. 盒子 [hézi] [명] 작은 상자
14. 壶 [hú] [명] 주전자
15. 家具 [jiājù] [명] 가구
16. 剪刀 [jiǎndāo] [명] 가위
17. 镜子 [jìngzi] [명] 거울
18. 垃圾桶 [lājītǒng] [명] 쓰레기통

19. 盘子 [pánzi] [명] 쟁반, 접시
20. 盆 [pén] [명] 대야, 그릇, 대야
21. 瓶子 [píngzi] [명] 병
22. 日用品 [rìyòngpǐn] [명] 일상용품
23. 沙发 [shāfā] [명] 소파
24. 扇子 [shànzi] [명] 부채
25. 勺子 [sháozi] [명] 숟가락, 국자
26. 书架 [shūjià] [명] 책장, 책꽂이
27. 梳子 [shūzi] [명] 빗
28. 塑料袋 [sùliàodài] [명] 비닐 봉투
29. 碗 [wǎn] [명] 그릇, 그릇, 공기, 사발
30. 洗衣机 [xǐyījī] [명] 세탁기
31. 牙膏 [yágāo] [명] 치약
32. 枕头 [zhěntou] [명] 베개

음식 및 먹거리와 관련된 어휘

1. 包子 [bāozi] [명] 소가 든 만두, 찐빵
2. 饼干 [bǐnggān] [명] 과자, 비스킷
3. 菜 [cài] [명] 채소, 반찬, 요리
4. 醋 [cù] [명] 식초, 질투, 샘
5. 蛋糕 [dàngāo] [명] 케이크
6. 点心 [diǎnxin] [명] 간식, 딤섬
7. 豆腐 [dòufu] [명] 두부
8. 罐头 [guàntou] [명] 통조림, 깡통, 항아리
9. 果汁 [guǒzhī] [명] 과일 즙, 과일 주스
10. 海鲜 [hǎixiān] [명] 해산물, 해물
11. 黄瓜 [huánggua] [명] 오이
12. 鸡蛋 [jīdàn] [명] 계란
13. 酱油 [jiàngyóu] [명] 간장
14. 橘子 [júzi] [명] 귤
15. 烤鸭 [kǎoyā] [명] 오리구이
16. 矿泉水 [kuàngquánshuǐ] [명] 광천수
17. 辣椒 [làjiāo] [명] 고추
18. 粮食 [liángshi] [명] 양식, 식량
19. 零食 [língshí] [명] 간식, 주전부리
20. 馒头 [mántou] [명] 찐빵

21. 葡萄 [pútao] [명] 포도
22. 巧克力 [qiǎokèlì] [명] 초콜릿
23. 食品 [shípǐn] [명] 식품
24. 食物 [shíwù] [명] 음식물
25. 蔬菜 [shūcài] [명] 야채, 채소
26. 水果 [shuǐguǒ] [명] 과일
27. 汤 [tāng] [명] 탕, 국
28. 糖 [táng] [명] 사탕
29. 桃 [táo] [명] 복숭아
30. 土豆 [tǔdòu] [명] 감자
31. 西瓜 [xīguā] [명] 수박
32. 西红柿 [xīhóngshì] [명] 토마토
33. 香蕉 [xiāngjiāo] [명] 바나나
34. 小吃 [xiǎochī] [명] 간식거리, 간단한 먹거리
35. 小麦 [xiǎomài] [명] 소맥, 밀
36. 盐 [yán] [명] 소금
37. 羊肉 [yángròu] [명] 양고기
38. 饮料 [yǐnliào] [명] 음료수
39. 鱼 [yú] [명] 물고기
40. 玉米 [yùmǐ] [명] 옥수수
41. 原料 [yuánliào] [명] 원료
42. 猪 [zhū] [명] 돼지

식생활과 관련된 어휘

1. 干杯 [gān//bēi] [동] 건배하다
2. 饱 [bǎo] [동] 배 부르다, 속이 꽉 차다
3. 菜单 [càidān] [명] 메뉴, 식단, 차림표
4. 餐厅 [cāntīng] [명] 식당
5. 尝 [cháng] [동] 맛보다, 시험해 보다
6. 炒 [chǎo] [동] (기름으로) 볶다, 투기하다
7. 吃 [chī] [동] 먹다, 마시다, 피우다
8. 淡 [dàn] [형] (맛이) 약하다, 싱겁다, (농도가) 낮다, (색깔이) 엷다
9. 点 [diǎn] [동] 주문하다
10. 饿 [è] [형] 배고프다, 굶주리다
11. 饭馆 [fànguǎn] [명] 식당

12. 煎 [jiān] [동] (기름에) 지지다, (전을) 부치다
13. 减肥 [jiǎnféi] [동] 다이어트하다
14. 健康 [jiànkāng] [동] 건강하다 [명] 건강
15. 酒吧 [jiǔbā] [명] 술집
16. 渴 [kě] [동] 목마르다, 절실하다
17. 口味 [kǒuwèi] [명] 맛, 입맛, 기호
18. 苦 [kǔ] [형] 고생스럽다, 쓰다
19. 辣 [là] [형] 맵다
20. 嫩 [nèn] [형] 부드럽다, 연하다
21. 清淡 [qīngdàn] [형] 담백하다
22. 酸 [suān] [형] 시다
23. 烫 [tàng] [형] 뜨겁다
24. 甜 [tián] [형] 달다
25. 味道 [wèidào] [명] 맛, 냄새
26. 香 [xiāng] [형] 향기롭다, 냄새가 좋다, 맛있다
27. 消化 [xiāohuà] [명] 소화 [동] 소화하다
28. 新鲜 [xīnxiān] [형] 신선하다
29. 液体 [yètǐ] [명] 액체
30. 营养 [yíngyǎng] [명] 영양
31. 油炸 [yóuzhá] [동] 기름에 튀기다
32. 煮 [zhǔ] [동] 삶다, 익히다

의복과 액세서리 관련 어휘

1. 衬衫 [chènshān] [명] 셔츠, 와이셔츠
2. 服装 [fúzhuāng] [명] 복장, 의류, 의상
3. 戒指 [jièzhi] [명] 반지
4. 裤子 [kùzi] [명] 바지
5. 帽子 [màozi] [명] 모자
6. 牛仔裤 [niúzǎikù] [명] 청바지
7. 皮鞋 [píxié] [명] 가죽 신발, 구두
8. 裙子 [qúnzi] [명] 치마
9. 手表 [shǒubiǎo] [명] 손목시계
10. 手套 [shǒutào] [명] 장갑
11. 袜子 [wàzi] [명] 양말
12. 围巾 [wéijīn] [명] 목도리, 스카프
13. 项链 [xiàngliàn] [명] 목걸이

14. 鞋 [xié] [명] 신발
15. 眼镜 [yǎnjìng] [명] 안경
16. 布 [bù] [명] 천, 베, 포
17. 穿 [chuān] [동] 입다, 신다, 가로지르다
18. 打扮 [dǎban] [명] 단장, 분장 [동] 화장하다, 치장하다
19. 系领带 [jì lǐngdài] [동] 넥타이를 매다
20. 棉花 [miánhuā] [명] 솜, 목화
21. 时髦 [shímáo] [동] 유행이다
22. 脱 [tuō] [동] 벗다
23. 鲜艳 [xiānyàn] [형] 선명하다

여가 생활과 관련된 어휘

1. 表演 [biǎoyǎn] [동] 공연하다, 연기하다, 연출하다
2. 参观 [cānguān] [동] 참관하다, 견학하다
3. 钓 [diào] [동] 낚시질하다, 빼앗다
4. 滑冰 [huábīng] [동] 스케이트를 타다
5. 划船 [huáchuán] [동] (노 따위로) 배를 젓다
6. 京剧 [jīngjù] [명] 경극
7. 聚会 [jùhuì] [명] 모임 [동] 모이다
8. 俱乐部 [jùlèbù] [명] 모임, 동아리, 클럽
9. 麦克风 [màikèfēng] [명] 마이크
10. 美术 [měishù] [명] 미술, 예술
11. 谜语 [míyǔ] [명] 수수께끼
12. 票 [piào] [명] 표
13. 频道 [píndào] [명] 채널
14. 球迷 [qiúmí] [명] 구기광, 축구팬
15. 散步 [sànbù] [동] 산책하다, 산보하다
16. 摄影 [shèyǐng] [동] (사진, 영화를) 촬영하다
17. 太极拳 [tàijíquán] [명] 태극권
18. 弹钢琴 [tán gāngqín] [동] 피아노를 치다
19. 体验 [tǐyàn] [동] 체험하다
20. 跳舞 [tiàowǔ] [동] 춤을 추다
21. 戏剧 [xìjù] [명] 희극, 연극
22. 象棋 [xiàngqí] [명] 장기, 바둑
23. 笑话 [xiàohua] [명] 우스갯소리, 재미있는 이야기
24. 歇 [xiē] [동] 쉬다

 팔선생의 新HSK 5급 단어

25. 欣赏 [xīnshǎng] [동] 맘에 들다, 좋아하다, 감상하다
26. 演出 [yǎnchū] [동] 공연, 공연하다
27. 业余 [yèyú] [명] 비전문의, 아마추어의
28. 游戏 [yóuxì] [명] 오락, 게임
29. 娱乐 [yúlè] [명] 오락, 예능
30. 羽毛球 [yǔmáoqiú] [명] 배드민턴
31. 杂志 [zázhì] [명] 잡지
32. 照相机 [zhàoxiàngjī] [명] 사진기

여행과 관련된 어휘

1. 岸 [àn] [명] 물가 해안
2. 宾馆 [bīnguǎn] [명] (규모가 비교적 크고 시설이 좋은) 호텔
3. 博物馆 [bówùguǎn] [명] 박물관
4. 大使馆 [dàshǐguǎn] [명] 대사관
5. 登机牌 [dēngjīpái] [명] 탑승카드
6. 地图 [dìtú] [명] 지도
7. 风俗 [fēngsú] [명] 풍속
8. 名胜古迹 [míngshèng gǔjì] [명] 명승고적
9. 签证 [qiānzhèng] [명] 비자
10. 行李箱 [xínglixiāng] [명] 짐가방
11. 游览 [yóulǎn] [동] 유람하다

시간과 관련된 어휘

1. 按时 [ànshí] [명] 제때에, 시간에 맞추어
2. 傍晚 [bàngwǎn] [명] 저녁 무렵, 황혼
3. 曾经 [céngjīng] [명] 일찍이, 이전에
4. 朝代 [cháodài] [명] 왕조의 연대 (어떤) 시기
5. 除夕 [chúxī] [명] 섣달 그믐날 (추석)
6. 从此 [cóngcǐ] [부] 지금부터, 이제부터
7. 从来 [cónglái] [부] (과거부터) 지금까지, 여태껏
8. 从前 [cóngqián] [부] 이전, 종전, 옛날
9. 当代 [dāngdài] [명] 당대의
10. 当时 [dàngshí] [명] 당시, 그때
11. 度过 [dùguò] [동] (시간을) 보내다, 넘기다
12. 公元 [gōngyuán] [명] 서기
13. 古代 [gǔdài] [명] 고대
14. 过期 [guòqī] [동] 기한을 넘기다
15. 后来 [hòulái] [부] (그)후, 그 다음에
16. 将来 [jiānglái] [명] 장래, 미래
17. 近代 [jìndài] [명] 근대
18. 礼拜天 [lǐbàitiān] [명] 일요일
19. 年代 [niándài] [명] 연대, 시대
20. 平常 [píngcháng] [형] 일반적이다, 평범하다 [부] 평소, 평상
21. 平时 [píngshí] [부] 평상시, 평소, 보통 때
22. 期间 [qījiān] [명] 기간
23. 其次 [qícì] [대] 그 다음, 버금
24. 前途 [qiántú] [명] 앞날, 미래
25. 日常 [rìcháng] [형] 일상의, 일상적인
26. 如今 [rújīn] [명] 현재, 요즘
27. 时代 [shídài] [명] 시대
28. 时刻 [shíkè] [명] 시각, 시점, 순간
29. 时期 [shíqī] [명] 시기
30. 世纪 [shìjì] [명] 세기
31. 首先 [shǒuxiān] [부] 가장 먼저 [대] 우선, 첫째로
32. 随时 [suíshí] [부] 언제든지, 수시로
33. 提前 [tíqián] [동] (예정보다 시간을) 앞당기다
34. 往往 [wǎngwǎng] [부] 자주, 종종
35. 未来 [wèilái] [명] 미래
36. 现代 [xiàndài] [명] 현대
37. 一辈子 [yíbèizi] [명] 한평생, 일생
38. 以来 [yǐlái] [명] 이래, 동안
39. 悠久 [yōujiǔ] [형] 오래되다
40. 原来 [yuánlái] [부] 원래는, 알고 보니
41. 中旬 [zhōngxún] [명] 중순
42. 终于 [zhōngyú] [부] 마침내, 결국
43. 准时 [zhǔnshí] [부] 정각에, 시간을 잘 지키다
44. 总算 [zǒngsuàn] [부] 결국은, 마침내

학교와 관련된 어휘

1. 班 [bān] [명] 반, 조, 단체, 그룹
2. 本科 [běnkē] [명] (대학교의) 학부(과정), 주요 학과목

팔선생의 新HSK 5급 단어

3. 操场 [cāochǎng] [명] 운동장
4. 测验 [cèyàn] [동] 시험하다, 테스트하다
5. 初级 [chūjí] [형] 초급의, 초등의
6. 地理 [dìlǐ] [명] 지리
7. 夹子 [jiāzi] [명] 집게, 클립
8. 讲座 [jiǎngzuò] [명] 강좌
9. 科学 [kēxué] [명] 과학 [동] 과학적이다
10. 课程 [kèchéng] [명] 수업과정, 커리큘럼, 교과목
11. 历史 [lìshǐ] [명] 역사
12. 铃 [líng] [명] 벨, 종
13. 年级 [niánjí] [명] 학년
14. 普通话 [pǔtōnghuà] [명] 표준어
15. 诗 [shī] [명] 시
16. 数学 [shùxué] [명] 수학
17. 文化 [wénhuà] [명] 문화
18. 文学 [wénxué] [명] 문학
19. 物理 [wùlǐ] [명] 물리
20. 学期 [xuéqī] [명] 학기
21. 学术 [xuéshù] [명] 학술
22. 学问 [xuéwen] [명] 학문
23. 语言 [yǔyán] [명] 언어
24. 哲学 [zhéxué] [명] 철학
25. 真理 [zhēnlǐ] [명] 진리
26. 专业 [zhuānyè] [명] 전공
27. 座位 [zuòwèi] [명] 좌석, 자리
28. 作品 [zuòpǐn] [명] 작품
29. 作文 [zuòwén] [명] 작문

문구와 관련된 어휘

1. 笔记本 [bǐjìběn] [명] 노트, 수첩, 비망록
2. 册 [cè] [명] 책, 책자, 권
3. 尺子 [chǐzi] [명] 자 표준 척도 잣대
4. 磁带 [cídài] [명] 녹음, 녹화용 테이프
5. 教材 [jiàocái] [명] 교재
6. 铅笔 [qiānbǐ] [명] 연필
7. 日记 [rìjì] [명] 일기
8. 文具 [wénjù] [명] 문구
9. 橡皮 [xiàngpí] [명] 지우개
10. 页 [yè] [명] 페이지, 쪽
11. 字典 [zìdiǎn] [명] 자전

교육과 학습 관련 어휘

1. 留学 [liú//xué] [동] 유학하다
2. 毕业 [bì//yè] [동] 졸업, 졸업하다
3. 发言 [fā//yán] [동] 발표하다, 발언하다
4. 笨 [bèn] [동] 어리석다, 우둔하다
5. 辩论 [biànlùn] [동] 변론하다, 논쟁하다
6. 表扬 [biǎoyáng] [동] 칭찬하다, 표창하다
7. 常识 [chángshí] [명] 상식, 일반 지식
8. 抄 [chāo] [동] 베끼다, 표절하다
9. 成绩 [chéngjì] [명] 성적
10. 成语 [chéngyǔ] [명] 성어
11. 迟到 [chídào] [동] 지각하다
12. 出版 [chūbǎn] [동] 출판하다
13. 词语 [cíyǔ] [명] 단어와 어구, 어휘, 글자
14. 答案 [dá'àn] [명] 답안, 해답
15. 概括 [gàikuò] [동] 개괄하다, 요약하다, 귀납하다
16. 概念 [gàiniàn] [명] 개념
17. 规矩 [guīju] [명] 표준, 법칙 [동] 모범적이다
18. 规律 [guīlù] [명] 규율, 법칙 [동] 규율에 맞다
19. 规则 [guīzé] [명] 규칙, 규정 [동] 규칙적이다
20. 话题 [huàtí] [명] 화제, 논제, 이야기 주제
21. 记忆 [jìyì] [동] 기억하다
22. 纪律 [jìlù] [명] 기율, 기강, 법도
23. 教训 [jiàoxùn] [명] 교훈 [동] 꾸짖다, 일깨우다, 훈계하다
24. 教育 [jiàoyù] [동] 교육하다
25. 解释 [jiěshì] [동] 해석하다, 해명하다, 해설하다, 변명하다
26. 进步 [jìnbù] [동] 진보하다, 향상되다
27. 句子 [jùzi] [명] 문장, 마디
28. 理论 [lǐlùn] [명] 이론
29. 理由 [lǐyóu] [명] 이유

팔선생의 新HSK 5급 단어

30. 论文 [lùnwén] [명] 논문
31. 逻辑 [luójí] [명] 논리
32. 念 [niàn] [동] (소리내어) 읽다, 공부하다, 생각하다, 그리워하다
33. 批评 [pīpíng] [동] 비평하다, 비난하다, 혼내다
34. 实习 [shíxí] [동] 실습하다
35. 实验 [shíyàn] [동] 실험하다
36. 提纲 [tígāng] [명] 요강, 개요
37. 提问 [tíwèn] [명] 질문 [동] 질문하다
38. 题 [tí] [명] 문제
39. 题目 [tímù] [명] 문제, 제목
40. 体会 [tǐhuì] [동] 느끼다, 몸소 느끼다
41. 文明 [wénmíng] [명] 문명 [동] 교양이 있다
42. 文章 [wénzhāng] [명] 문장, 글
43. 疑问 [yíwèn] [명] 의문
44. 优秀 [yōuxiù] [형] 우수하다
45. 阅读 [yuèdú] [형] 독해하다
46. 知识 [zhīshi] [명] 지식
47. 指导 [zhǐdǎo] [동] 지도하다
48. 智慧 [zhìhuì] [명] 지혜
49. 字 [zì] [명] 글자

감정과 심리상태와 관련된 어휘

1. 爱护 [àihù] [동] 소중히 하다, 잘 보살피다
2. 表达 [biǎodá] [동] 나타내다, 표현하다
3. 表示 [biǎoshì] [동] 표시하다, 명시하다
4. 表现 [biǎoxiàn] [동] 표현하다
5. 不耐烦 [búnàifán] [동] 귀찮다, 견디지 못하다
6. 吵架 [chǎojià] [동] 다투다, 말다툼하다
7. 沉默 [chénmò] [동] 침묵하다
8. 诚恳 [chéngkěn] [형] 진실하다, 간절하다
9. 放松 [fàngsōng] [동] 늦추다, 느슨하게 하다
10. 放心 [fàngxīn] [동] 마음 놓다, 안심하다
11. 感动 [gǎndòng] [동] 감동하다, 감격하다
12. 感激 [gǎnjī] [동] 감격하다
13. 感觉 [gǎnjué] [동] 느끼다, 여기다 [명] 느낌

14. 感情 [gǎnqíng] [명] 감정
15. 感受 [gǎnshòu] [동] 받다, 느끼다 [명] 느낌, 감상
16. 感谢 [gǎnxiè] [명] [동] 감사하다
17. 恨 [hèn] [동] 원망(하다), 증오(하다)
18. 后悔 [hòuhuǐ] [동] 후회하다
19. 欢迎 [huānyíng] [동] 환영하다
20. 流泪 [liúlèi] [동] 눈물을 흘리다
21. 骂 [mà] [동] 욕하다, 꾸짖다, 따지다
22. 满意 [mǎnyì] [형] 만족하다
23. 满足 [mǎnzú] [형] 만족시키다, 부응하다, 만족하다
24. 难过 [nánguò] [형] 슬프다, 괴롭다
25. 难受 [nánshòu] [형] 견디기 어렵다, 슬프다
26. 情绪 [qíngxù] [명] 기분, 정서
27. 忍不住 [rěnbuzhù] [동] 견딜 수 없다
28. 失望 [shīwàng] [동] 실망하다
29. 受不了 [shòubuliǎo] [동] 못 견디다
30. 羡慕 [xiànmù] [형] 부러워하다
31. 想念 [xiǎngniàn] [동] 그리워하다
32. 心理 [xīnlǐ] [명] 심리, 마음
33. 心情 [xīnqíng] [명] 심정, 기분
34. 遗憾 [yíhàn] [동] 유감스럽다, 섭섭하다
35. 自豪 [zìháo] [동] 자랑스럽다
36. 自信 [zìxìn] [명] 자신 [동] 자신 있다
37. 尊敬 [zūnjìng] [동] 존경하다
38. 尊重 [zūnzhòng] [동] 존중하다
39. 感想 [gǎnxiǎng] [명] 감상, 느낌, 소감
40. 专心 [zhuānxīn] [동] 심혈을 기울이다, 온 정신을 쏟다
41. 安慰 [ānwèi] [동] 위로하다
42. 孤单 [gūdān] [형] 외롭다, 쓸쓸하다, 고적하다
43. 灰心 [huīxīn] [형] 낙심하다, 의기소침하다
44. 寂寞 [jìmò] [형] 외롭다, 쓸쓸하다
45. 可惜 [kěxī] [형] 안타깝다, 아쉽다
46. 乐观 [lèguān] [형] 낙관적이다
47. 痛苦 [tòngkǔ] [형] 고통스럽다
48. 痛快 [tòngkuài] [형] 통쾌하다, 기분 좋다
49. 微笑 [wēixiào] [명] 미소 [동] 미소를 짓다

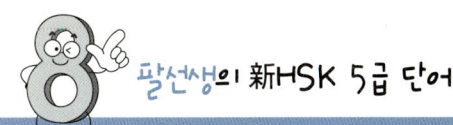
팔선생의 新HSK 5급 단어

50. 兴奋 [xīngfèn] [형] 흥분하다, 기쁘다
51. 幸福 [xìngfú] [형] 행복하다
52. 爱情 [àiqíng] [명] 남녀 간의 사랑, 애정
53. 爱惜 [àixī] [형] 애석하다, 아끼다, 소중히 여기다
54. 爱心 [àixīn] [형] 사랑하는 마음
55. 关怀 [guānhuái] [형] (윗사람이 아랫사람에게) 관심을 가지고 보살피다, 배려하다
56. 关心 [guānxīn] [형] 관심을 갖다, 관심 기울이다
57. 敬爱 [jìng'ài] [형] 경애하다, 존경하고 사랑하다
58. 热爱 [rè'ài] [형] 매우 좋아하다, 애착을 가지다
59. 热心 [rèxīn] [형] 인정이 많다, 온화하다
60. 疼 [téng] [형] 아프다, 몹시 사랑하다
61. 友好 [yǒuhǎo] [형] 우호적이다
62. 友谊 [yǒuyì] [명] 우의, 우정
63. 珍惜 [zhēnxī] [형] 아끼다, 소중히 여기다
64. 悲观 [bēiguān] [명] 비관 [형] 비관적이다
65. 不安 [bù'ān] [형] 불안하다
66. 操心 [cāoxīn] [형] 걱정하다, 염려하다
67. 吃惊 [chījīng] [형] 놀라다
68. 担心 [dānxīn] [형] 염려하다, 걱정하다
69. 发愁 [fāchóu] [형] 걱정하다, 근심하다, 우려하다
70. 发抖 [fādǒu] [형] (벌벌) 떨다, 떨리다
71. 害怕 [hàipà] [형] 두려워하다, 무서워하다
72. 害羞 [hàixiū] [형] 부끄러워하다, 수줍어하다
73. 寂寞 [jìmò] [형] 외롭다, 쓸쓸하다
74. 骄傲 [jiāo'ào] [형] 자랑, 긍지, 거만하다, 교만하다, 자랑스럽다
75. 紧张 [jǐnzhāng] [형] 긴장되다, 바쁘다
76. 可怕 [kěpà] [형] 두렵다, 무섭다
77. 恐怖 [kǒngbù] [형] 공포스럽다, 무섭다, 두렵다
78. 刺激 [cìjī] [형] 자극하다, 북돋우다, 흥분시키다
79. 激动 [jīdòng] [형] 흥분하다, 감격하다, 격동하다
80. 热情 [rèqíng] [형] 친절하다, 열정적이다
81. 晕 [yūn] [형] 어지럽다, 멀미하다
82. 醉 [zuì] [형] 취하다

비즈니스 및 직장생활과 관련된 어휘(1)

1. 编辑 [biānjí] [동] 편집하다
2. 部门 [bùmén] [명] 부분, 부, 분과
3. 辞职 [cí//zhí] [동] 사직하다, 직장을 그만두다, 직무에서 물러나다
4. 代表 [dàibiǎo] [명] 대표 [동] 대표하다
5. 地位 [dìwèi] [명] (사회적) 지위, 위치
6. 单位 [dānwèi] [명] 직장, 기관, 단체, 단위
7. 工具 [gōngjù] [명] 공구, 도구, 수단, 방법
8. 工业 [gōngyè] [명] 공업
9. 工资 [gōngzī] [명] 월급
10. 股票 [gǔpiào] [명] 주식, 유가증권
11. 雇佣 [gùyōng] [동] 고용하다
12. 行业 [hángyè] [명] 업무, 직업
13. 利润 [lìrùn] [명] 이윤
14. 利益 [lìyì] [명] 이익
15. 贸易 [màoyì] [명] 무역
16. 企业 [qǐyè] [명] 기업
17. 人员 [rényuán] [명] 인원, 요원
18. 职业 [zhíyè] [명] 직업
19. 资金 [zījīn] [명] 자금
20. 系统 [xìtǒng] [명] 계통, 시스템
21. 业务 [yèwù] [명] 업무
22. 生产 [shēngchǎn] [동] 생산하다
23. 文件 [wénjiàn] [명] 문건, 서류
24. 商业 [shāngyè] [명] 상업
25. 人事 [rénshì] [명] 인사
26. 人才 [réncái] [명] 인재
27. 开发 [kāifā] [동] 개발하다
28. 经营 [jīngyíng] [명] 경영 [동] 경영하다
29. 技术 [jìshù] [명] 기술, 기교
30. 管理 [guǎnlǐ] [동] 관리하다, 관할하다, 돌보다
31. 程序 [chéngxù] [명] 순서, 절차, 단계
32. 产品 [chǎnpǐn] [명] 상품
33. 组织 [zǔzhī] [동] 조직하다, 구성하다, 결성하다

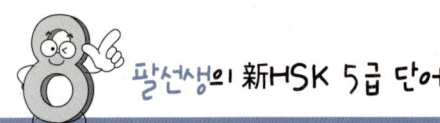

비즈니스 및 직장생활과 관련된 어휘(2)

1. 报告 [bàogào] [동] 보고하다
2. 材料 [cáiliào] [명] 재료, 자재, 자료, 데이타
3. 参考 [cānkǎo] [동] 참고하다, 참조하다
4. 插 [chā] [동] 꽂다, 끼우다, 삽입하다
5. 成功 [chénggōng] [명] 성공 [동] 성공하다
6. 成果 [chéngguǒ] [명] 성과, 결과
7. 成就 [chéngjiù] [명] 성취, 업적 [동] (성과를) 완성하다, 이루다
8. 传真 [chuánzhēn] [명] 팩스
9. 打印 [dǎ//yìn] [동] 인쇄하다, 프린트하다
10. 担任 [dānrèn] [동] 맡다, 담임하다, 담당하다
11. 调查 [diàochá] [동] (현장에서) 조사하다
12. 发票 [fāpiào] [명] 영수증
13. 方案 [fāng'àn] [명] 방안, 법식, 표준양식
14. 分析 [fēnxī] [동] 분석하다
15. 复印 [fùyìn] [동] 복사하다
16. 干活儿 [gàn//huór] [동] 일하다
17. 干 [gàn] [동] 일을 하다, 담당하다
18. 共同 [gòngtóng] [부] 공동의, 더불어, 함께
19. 合同 [hétong] [명] 계약(서)
20. 合作 [hézuò] [동] 합작(하다), 협력(하다)
21. 集合 [jíhé] [동] 집합하다, 모으다
22. 集体 [jítǐ] [명] 집단, 단체
23. 计划 [jìhuà] [동] 계획하다
24. 计算 [jìsuàn] [동] 계산하다
25. 简历 [jiǎnlì] [명] 이력, 경력
26. 建议 [jiànyì] [명] 건의, 제안 [동] 건의하다, 제안하다
27. 接待 [jiēdài] [동] 접대하다
28. 经历 [jīnglì] [명] 경험, 경력 [동] 겪다, 경험하다
29. 经验 [jīngyàn] [명] 경험
30. 劳动 [láodòng] [명] 노동 [동] 노동하다
31. 利息 [lìxī] [명] 이자
32. 签字 [qiānzì] [동] 서명하다, 사인하다
33. 任务 [rènwu] [명] 임무
34. 失业 [shīyè] [동] 실업하다, 직업을 잃다
35. 收入 [shōurù] [명] 수입
36. 讨论 [tǎolùn] [동] 토론하다 [명] 토론
37. 退休 [tuìxiū] [동] 퇴직하다
38. 销售 [xiāoshòu] [동] 판매하다, 팔다
39. 效率 [xiàolǜ] [명] 효율
40. 信息 [xìnxī] [명] 정보, 소식
41. 意见 [yìjiàn] [명] 의견
42. 议论 [yìlùn] [동] 의논하다, 논의하다
43. 营业 [yíngyè] [동] 영업하다
44. 应聘 [yìngpìn] [동] 지원하다
45. 责任 [zérèn] [명] 책임
46. 招聘 [zhāopìn] [동] 채용하다
47. 资格 [zīgé] [명] 자격
48. 资料 [zīliào] [명] 자료
49. 咨询 [zīxún] [동] 자문을 구하다, 자문하다, 물어보다
50. 做生意 [zuò shēngyi] [동] 장사를 하다

방향, 교통, 지리와 관련된 어휘(1)

1. 周围 [zhōuwéi] [명] 주위, 주변
2. 中心 [zhōngxīn] [명] 센터, 중심
3. 方向 [fāngxiàng] [명] 방향
4. 车厢 [chēxiāng] [명] (열차의) 객실이나 수하물칸
5. 车库 [chēkù] [명] 차고
6. 乘 [chéng] [동] 오르다, 타다
7. 乘坐 [chéngzuò] [동] (자동차, 배, 비행기 등을) 타다
8. 出发 [chūfā] [동] 출발하다
9. 出口 [chū//kǒu] [명] 출구
10. 出租车 [chūzūchē] [명] 택시
11. 达到 [dá//dào] [동] 달성하다, 도달하다, 이르다
12. 到 [dào] [동] 도착하다, 이르다
13. 到达 [dàodá] [동] 도달하다, 도착하다
14. 地铁 [dìtiě] [명] 지하철
15. 堵车 [dǔchē] [동] 차가 막히다
16. 飞机 [fēijī] [명] 비행기
17. 航班 [hángbān] [명] (비행기나 배의) 운행표
18. 交通 [jiāotōng] [명] 교통

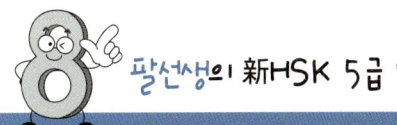

팔선생의 新HSK 5급 단어

19. 降落 [jiàngluò] [동] 착륙하다
20. 驾驶 [jiàshǐ] [동] 운전하다
21. 加油站 [jiāyóuzhàn] [명] 주유소
22. 高速公路 [gāosù gōnglù] [명] 고속도로
23. 卡车 [kǎchē] [명] 트럭
24. 摩托车 [mótuōchē] [명] 오토바이
25. 街道 [jiēdào] [명] 거리, 길
26. 距离 [jùlí] [명] 거리, 길
27. 起飞 [qǐfēi] [동] 이륙하다
28. 桥 [qiáo] [명] 다리, 교량
29. 速度 [sùdù] [명] 속도
30. 往返 [wǎngfǎn] [동] 왕복하다
31. 运输 [yùnshū] [동] 운송하다
32. 救护车 [jiùhùchē] [명] 응급차
33. 目的 [mùdì] [명] 목적
34. 迷路 [mí//lù] [동] 길을 잃다
35. 汽油 [qìyóu] [명] 가솔린, 휘발유
36. 公里 [gōnglǐ] [명] 킬로미터
37. 胡同 [hútong] [명] 골목, 작은 거리

방향, 교통, 지리와 관련된 어휘(2)

1. 背景 [bèijǐng] [명] 배경, 배후세력
2. 城市 [chéngshì] [명] 도시
3. 场 [chǎng] [명] 장소, 무대, 활동의 장
4. 当地 [dāngdì] [명] 그 지방, 현지
5. 到处 [dàochù] [명] 곳곳, 도처, 가는 곳
6. 地道 [dìdao] [명] 진짜의, 본고장의
7. 底 [dǐ] [명] 밑, 바닥, 속사정, 원고, 끝
8. 地区 [dìqū] [명] 구역, 지역
9. 地址 [dìzhǐ] [명] 주소
10. 风景 [fēngjǐng] [명] 풍경
11. 工厂 [gōngchǎng] [명] 공장
12. 广场 [guǎngchǎng] [명] 광장, 넓은 공간
13. 领域 [lǐngyù] [명] 영역
14. 面积 [miànjī] [명] 면적
15. 通过 [tōngguò] [동] 통과하다, ~을 통해서

16. 广泛 [guǎngfàn] [형] 광범위하다, 폭넓다
17. 附近 [fùjìn] [형] 근처, 부근
18. 岛 [dǎo] [명] 섬
19. 地球 [dìqiú] [명] 지구

건강과 관련된 어휘

1. 病毒 [bìngdú] [명] 독, 바이러스
2. 抽烟 [chōuyān] [동] 담배 피우다
3. 打喷嚏 [dǎ pēntì] [동] 재채기를 하다
4. 打针 [dǎ//zhēn] [동] 주사 놓다
5. 发烧 [fā//shāo] [동] 열이나다
6. 感冒 [gǎnmào] [명] 감기 [동] 감기 걸리다
7. 挂号 [guà//hào] [동] 등록하다, 접수시키다
8. 过敏 [guòmǐn] [동] 과민하다, 예민하다
9. 缓解 [huǎnjiě] [동] 완화되다, 풀어지다
10. 恢复 [huīfù] [동] 회복하다
11. 活动 [huódòng] [동] 움직이다, 활동하다
12. 肌肉 [jīròu] [명] 근육
13. 健身房 [jiànshēnfáng] [명] 헬스장, 스포츠센터
14. 戒烟 [jièyān] [동] 금연하다
15. 精力 [jīnglì] [명] 힘, 에너지, 정신과 체력
16. 精神 [jīngshén] [명] 정신 기운 [동] 활기차다, 힘나다
17. 救 [jiù] [동] 구하다, 구제하다
10. 咳嗽 [késou] [동] 기침하다
19. 克服 [kèfú] [동] 극복하다
20. 力量 [lìliang] [동] 힘, 역량
21. 力气 [lìqi] [동] 힘, 역량
22. 内科 [nèikē] [명] 내과
23. 疲劳 [píláo] [명] 피로 [동] 지치다, 피로하다
24. 弱 [ruò] [형] 약하다
25. 神经 [shénjīng] [명] 신경
26. 生病 [shēngbìng] [동] 병나다
27. 生动 [shēngdòng] [동] 생동감 있다
28. 手术 [shǒushù] [명] 수술
29. 受伤 [shòushāng] [동] 부상당하다, 다치다
30. 寿命 [shòumìng] [명] 수명

팔선생의 新HSK 5급 단어

31. 舒服 [shūfu] [형] 편안하다
32. 摔 [shuāi] [동] 쓰러지다, 넘어지다
33. 危害 [wēihài] [동] 해가 되다, 해를 끼치다
34. 瞎 [xiā] [동] 눈이 보이지 않다, 실명하다, 함부로, 되는 대로
35. 着凉 [zháoliáng] [동] 감기 걸리다, 바람을 맞다
36. 诊断 [zhěnduàn] [동] 진단하다

정보통신 및 숫자와 관련된 어휘
1. 报道 [bàodào] [동] 보도하다
2. 电池 [diànchí] [명] 건전지
3. 电脑 [diànnǎo] [명] 컴퓨터
4. 电台 [diàntái] [명] 무선통신기, 라디오 방송국
5. 短信 [duǎnxìn] [명] 문자메시지
6. 光盘 [guāngpán] [명] CD, 콤팩트 디스크
7. 广播 [guǎngbō] [동] 방송하다, 널리 퍼지다
8. 半 [bàn] [수] 반, 1/2
9. 倍 [bèi] [수] 배, 곱절, 갑절
10. 遍 [biàn] [양] 번, 회, 온통
11. 层 [céng] [명] 층, 겹, 벌
12. 大约 [dàyuē] [부] 다분히, 대개는, 대략
13. 大概 [dàgài] [부] 대략, 대요, 대강

쇼핑 및 소비와 관련된 어휘
1. 贷款 [dài//kuǎn] [동] 돈을 빌리다, 대출하다
2. 堆 [duī] [명] 무더기, 언덕 [동] 쌓여 있다
3. 多余 [duōyú] [형] 여분의, 나머지, 쓸데없는
4. 朵 [duǒ] [양] 송이, 조각, 점
5. 幅 [fú] [양] (옷감의) 너비, 폭, 넓이
6. 富 [fù] [형] 부유하다
7. 付款 [fù//kuǎn] [동] 돈을 지불하다
8. 公斤 [gōngjīn] [명] 킬로그램
9. 购买 [gòumǎi] [동] 물건을 사다, 구입하다
10. 估计 [gūjì] [동] 추측하다, 예측하다
11. 光临 [guānglín] [동] 광림하시다
12. 广告 [guǎnggào] [명] 광고, 선전

13. 逛 [guàng] [동] 거닐다, 배회하다, 산보하다
14. 柜台 [guìtái] [명] 계산대, 카운터
15. 号 [hào] [명] 이름, 명칭, 상점, 번호
16. 合理 [hélǐ] [형] 합리적이다
17. 汇率 [huìlǜ] [명] 환율
18. 价格 [jiàgé] [명] 가격
19. 价值 [jiàzhí] [명] 가치
20. 节约 [jiéyuē] [동] 절약하다
21. 结账 [jié//zhàng] [동] 결제하다, 결산하다, 계산하다
22. 零钱 [língqián] [명] 잔돈
23. 流行 [liúxíng] [형] 유행하다
24. 名牌 [míngpái] [명] 유명 브랜드, 유명 상표
25. 免费 [miǎn//fèi] [동] 무료로 하다
26. 排队 [páiduì] [동] 줄 서다
27. 赔偿 [péicháng] [동] 배상하다
28. 便宜 [piányi] [동] 싸다
29. 品种 [pǐnzhǒng] [명] 품종, 제품 종류
30. 破产 [pòchǎn] [동] 파산하다
31. 人民币 [Rénmínbì] [명] 인민폐
32. 商品 [shāngpǐn] [명] 상품
33. 时尚 [shíshàng] [명] 시대적 유행, 유행, 풍조
34. 实用 [shíyòng] [형] 실용적이다, 실제로 쓰다
35. 市场 [shìchǎng] [명] 시장
36. 数量 [shùliàng] [명] 수량, 양
37. 丝绸 [sīchóu] [명] 비단, 견직물
38. 损失 [sǔnshī] [명] 손실 [동] 손실되다, 손해보다
39. 态度 [tàidu] [명] 태도
40. 宣传 [xuānchuán] [동] 선전하다, 광고하다
41. 硬币 [yìngbì] [명] 금속 화폐, 동전
42. 质量 [zhìliàng] [명] 품질

감사, 축하, 부탁과 관련된 어휘
1. 不要紧 [búyàojǐn] [동] 괜찮다, 문제없다, 대수롭지 않다
2. 答应 [dāying] [동] 대답하다, 응답하다, 승낙하다
3. 多亏 [duōkuī] [동] 은혜를 입다, 덕택이다
4. 抱歉 [bàoqiàn] [동] 사과하다, 사죄하다

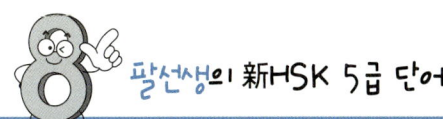

팔선생의 新HSK 5급 단어

5. 惭愧 [cánkuì] [동] 부끄럽다, 송구스럽다
6. 道歉 [dào//qiàn] [동] 사과하다, 사죄하다
7. 祝贺 [zhùhè] [명] 축하 [동] 축하하다
8. 嘱咐 [zhǔfù] [동] 부탁하다
9. 祝 [zhù] [동] 바라다, 빌다, 축원하다
10. 祝福 [zhùfú] [명] 축복 [동] 축복하다, 축원하다

계절 날씨 자연 환경과 관련된 어휘

1. 彩虹 [cǎihóng] [명] 무지개
2. 草 [cǎo] [명] 풀(재배 식물 이외의 초본 식물의 총칭)
3. 翅膀 [chìbǎng] [명] (새·곤충 등의) 날개
4. 大象 [dàxiàng] [명] 코끼리
5. 地震 [dìzhèn] [명] 지진
6. 动物 [dòngwù] [명] 동물
7. 鸽子 [gēzi] [명] 비둘기
8. 狗 [gǒu] [명] 개, 앞잡이, 끄나풀
9. 刮风 [guāfēng] [동] 바람 불다
10. 果实 [guǒshí] [명] 과실
11. 海洋 [hǎiyáng] [명] 해양
12. 河 [hé] [명] 강, 하천
13. 猴子 [hóuzi] [명] 원숭이
14. 蝴蝶 [húdié] [명] 나비
15. 花生 [huāshēng] [명] 땅콩
16. 花园 [huāyuán] [명] 화원
17. 环境 [huánjìng] [명] 환경
18. 季节 [jìjié] [명] 계절, 철, 절기
19. 郊区 [jiāoqū] [명] 교외
20. 景色 [jǐngsè] [명] 경치
21. 空间 [kōngjiān] [명] 공간
22. 空气 [kōngqì] [명] 공기
23. 老鼠 [lǎoshǔ] [명] 쥐
24. 老虎 [lǎohǔ] [명] 호랑이
25. 雷 [léi] [명] 우레, 천둥
26. 狼 [láng] [명] 이리
27. 凉快 [liángkuai] [형] 서늘하다, 시원하다
28. 亮 [liàng] [형] 밝다
29. 陆地 [lùdì] [명] 육지
30. 蜜蜂 [mìfēng] [명] 꿀벌
31. 木头 [mùtou] [명] 나무, 목재
32. 能源 [néngyuán] [명] 에너지원, 에너지
33. 农村 [nóngcūn] [명] 농촌
34. 暖和 [nuǎnhuo] [형] 따뜻하다
35. 飘 [piāo] [동] 나부끼다, 흩날리다
36. 森林 [sēnlín] [명] 삼림, 숲
37. 沙漠 [shāmò] [명] 사막
38. 沙滩 [shātān] [명] 백사장, 모래사장
39. 晒 [shài] [동] 햇볕에 말리다, 햇볕을 쬐다
40. 闪电 [shǎndiàn] [동] 번개가 번쩍이다, 번개
41. 蛇 [shé] [명] 뱀
42. 生命 [shēngmìng] [명] 생명
43. 湿润 [shīrùn] [형] 축축하다, 촉촉하다
44. 狮子 [shīzi] [명] 사자
45. 石头 [shítou] [명] 돌, 바위
46. 树 [shù] [명] 나무
47. 寺庙 [sìmiào] [명] 사원, 절
48. 太阳 [tàiyáng] [명] 태양
49. 天空 [tiānkōng] [명] 하늘
50. 天气 [tiānqì] [명] 날씨
51. 田野 [tiányě] [명] 들판
52. 土地 [tǔdì] [명] 토지, 땅
53. 兔子 [tùzi] [명] 토끼
54. 尾巴 [wěiba] [명] 꼬리
55. 温度 [wēndù] [명] 온도
56. 污染 [wūrǎn] [명] 오염 [동] 오염되다, 오염시키다
57. 雾 [wù] [명] 안개
58. 现象 [xiànxiàng] [명] 현상
59. 熊猫 [xióngmāo] [명] 판다
60. 雪 [xuě] [명] 눈
61. 阳光 [yángguāng] [명] 햇빛
62. 叶子 [yèzi] [명] 잎
63. 阴 [yīn] [형] 흐리다
64. 宇宙 [yǔzhòu] [명] 우주

팔선생의 新HSK 5급 단어

65. 月亮 [yuèliang] [명] 달
66. 云 [yún] [명] 구름
67. 涨 [zhǎng] [동] 올라가다, 불어나다
68. 植物 [zhíwù] [명] 식물
69. 竹子 [zhúzi] [명] 대나무
70. 资源 [zīyuán] [명] 자원

사회 생활 및 활동과 관련된 어휘
1. 把握 [bǎwò] [동] 쥐다, 잡다, 파악하다
2. 表明 [biǎomíng] [동] 표명하다, 분명하게 밝히다
3. 表面 [biǎomiàn] [명] 표면, 외견, 외관
4. 补充 [bǔchōng] [동] 보충하다, 보완하다
5. 参加 [cānjiā] [동] 참가하다, 참여하다
6. 参与 [cānyù] [동] 참여하다, 참가하다
7. 承担 [chéngdān] [동] 담당하다
8. 成长 [chéngzhǎng] [동] 성장하다, 자라다
9. 出色 [chūsè] [동] 특별히 좋다, 대단히 뛰어나다
10. 出席 [chū//xí] [동] 출석하다
11. 出现 [chūxiàn] [동] 출현하다, 나타나다
12. 处理 [chǔlǐ] [동] 처리하다, 해결하다
13. 闯 [chuǎng] [동] 돌진하다, 야기하다, 일으키다
14. 促进 [cùjìn] [동] 촉진시키다, 재촉하다
15. 促使 [cùshǐ] [동] ~하도록 (재촉)하다
16. 打工 [dǎgōng] [동] 아르바이트하다, 일하다
17. 打听 [dǎting] [동] 물어보다, 탐문하다, 알아보다
18. 独立 [dúlì] [동] 독립하다, 홀로 서다
19. 发表 [fābiǎo] [동] 발표하다
20. 发挥 [fāhuī] [동] 발휘하다
21. 发明 [fāmíng] [명] 발명 [동] 발명하다
22. 放弃 [fàngqì] [동] 포기하다, 버리다
23. 报名 [bào//míng] [동] 등록하다, 신청하다
24. 办理 [bànlǐ] [동] 처리하다, 취급하다
25. 本领 [běnlǐng] [명] 능력, 기량, 재능, 수완
26. 本质 [běnzhì] [명] 본질
27. 成为 [chéngwéi] [동] ~이(가) 되다, ~(으)로 되다
28. 充分 [chōngfèn] [동] 충분하다

29. 重复 [chóngfù] [동] 중복되다, 반복하다
30. 充满 [chōngmǎn] [동] 충만하다, 넘치다
31. 自愿 [zìyuàn] [동] 자원하다, 자원
32. 自由 [zìyóu] [명] 자유 [형] 자유롭다
33. 自私 [zìsī] [형] 이기적이다
34. 自觉 [zìjué] [동] 자각하다, 스스로 느끼다
    [형] 자발적인, 자진하여
35. 自动 [zìdòng] [형] 자동적으로, 자발적으로, 자진하여
36. 姿势 [zīshì] [명] 자세
37. 追求 [zhuīqiú] [동] 추구하다, 따르다
38. 状态 [zhuàngtài] [명] 상태
39. 状况 [zhuàngkuàng] [명] 상황
40. 撞 [zhuàng] [동] 부딪히다
41. 注册 [zhùcè] [동] 등록하다
42. 注意 [zhùyì] [동] 주의하다
43. 保护 [bǎohù] [동] 보호하다

인간관계 커뮤니케이션과 관련된 어휘
1. 彼此 [bǐcǐ] [명] 쌍방, 서로, 상호
2. 吵 [chǎo] [동] 시끄럽다, 떠들썩하다
3. 称呼 [chēnghu] [동] ~라고 부르다 [명] 호칭
4. 称 [chēng] [동] 부르다, 일컫다, 불리다, 무게를 달다
5. 承认 [chéngrèn] [동] 승인하다, 인정하다
6. 承受 [chéngshòu] [동] 받아들이다, 견뎌내다, 감당하다, 인내하다
7. 吃亏 [chī//kuī] [동] 손해보다
8. 打交道 [dǎ jiāodao] [동] 왕래하다, 교제하다, 사귀다, 연락하다
9. 待遇 [dàiyù] [명] 대우, 처우
10. 打扰 [dǎrǎo] [동] 방해하다, 폐를 끼치다
11. 打招呼 [dǎ zhāohu] [동] (말이나 행동으로) 인사하다, 통지하다, 알리다
12. 代替 [dàitì] [동] 대신하다, 대체하다
13. 反对 [fǎnduì] [동] 반대하다
14. 访问 [fǎngwèn] [동] 방문하다, 둘러보다
15. 采访 [cǎifǎng] [동] 취재하다, 인터뷰하다
16. 采取 [cǎiqǔ] [동] 채용하다, 채택하다

팔선생의 新HSK 5급 단어

17. 差别 [chābié] [명] 차별, 차이, 구별
18. 差 [chà] [동] 뒤떨어지다
19. 催 [cuī] [동] 재촉하다, 촉진하다, 다그치다
20. 等待 [děngdài] [동] 기다리다
21. 等候 [děnghòu] [동] 기다리다
22. 对比 [duìbǐ] [동] 대비하다, 대조하다
23. 对待 [duìdài] [동] 다루다, 대응하다, 대처하다, 상대하다
24. 对话 [duì//huà] [동] 대화하다
25. 对面 [duìmiàn] [명] 맞은편, 정면, 마주보고
26. 对手 [duìshǒu] [명] 상대, 적수
27. 对象 [duìxiàng] [명] (연애·결혼의) 상대, 대상
28. 妨碍 [fáng'ài] [동] 지장을 주다, 방해하다
29. 辅导 [fǔdǎo] [동] 도우며 지도하다
30. 负责 [fùzé] [동] 책임지다, 맡은바 성실히 노력하다
31. 告诉 [gàosu] [동] 말하다, 알리다
32. 告别 [gào//bié] [동] 고별하다, 작별 인사하다
33. 怀疑 [huáiyí] [동] 의심하다
34. 称赞 [chēngzàn] [동] 칭찬하다, 찬양하다
35. 沟通 [gōutōng] [동] 소통하다
36. 鼓励 [gǔlì] [동] 격려하다, 용기를 북 돋우다
37. 鼓舞 [gǔwǔ] [동] 격려하다, 고무하다
38. 逗 [dòu] [동] 놀리다, 희롱하다
39. 废话 [fèihuà] [명] 쓸데없는 말, 허튼소리

국가와 관련된 어휘

1. 安全 [ānquán] [형] 안전하다
2. 国籍 [guójí] [명] 국적
3. 国家 [guójiā] [명] 국가
4. 国际 [guójì] [명] 국제
5. 国庆节 [Guóqìng Jié] [명] 국경절, 10/1일
6. 和平 [hépíng] [형] 평화(롭다)
7. 发展 [fāzhǎn] [명] 발전하다, 확대·발전 시키다
8. 发达 [fādá] [동] 발전시키다, 발달하다
9. 标志 [biāozhì] [명] 표지, 지표, 상징
10. 繁荣 [fánróng] [형] 번영하다, 크게 발전하다

11. 传说 [chuánshuō] [명] 전설 [동] 이리저리 말이 전해지다
12. 改革 [gǎigé] [동] 개혁하다
13. 改变 [gǎibiàn] [동] 변하다, 바뀌다, 달라지다
14. 革命 [gé//mìng] [명] 혁명
15. 祖国 [zǔguó] [명] 조국
16. 管 [guǎn] [동] 관할하다, 관리하다, 지키다
17. 广大 [guǎngdà] [형] 광대하다, 거대하다
18. 光荣 [guāngróng] [명] [형] 영광(스럽다), 영예(롭다)
19. 政策 [zhèngcè] [명] 정책
20. 政府 [zhèngfǔ] [명] 정부
21. 政治 [zhèngzhì] [명] 정치
22. 主席 [zhǔxí] [명] 주석, 의장, 위원장

법률과 질서에 관련된 어휘

1. 保持 [bǎochí] [동] 유지하다, 지키다
2. 保存 [bǎocún] [동] 보존하다
3. 保险 [bǎo//xiǎn] [동] 안전하다, 위험이 없다
4. 保证 [bǎozhèng] [동] 보증하다, 담보하다, 확보하다, 확실히 책임지다
5. 避免 [bìmiǎn] [동] 피하다, 모면하다
6. 标准 [biāozhǔn] [명] 표준, 기준 [형] 표준적이다
7. 传递 [chuándì] [동] (차례차례) 전달하다
8. 法律 [fǎlǜ] [명] 법률
9. 法院 [fǎyuàn] [명] 법원
10. 改进 [gǎijìn] [동] 개선하다, 개량하다
11. 公平 [gōngpíng] [형] 공평하다, 공정하다
12. 规定 [guīdìng] [명] 규정, 규칙 [형] 규정하다
13. 合格 [hégé] [형] 합격하다
14. 合法 [héfǎ] [형] 합법적이다
15. 错误 [cuòwù] [명] 착오, 잘못
16. 道德 [dàodé] [명] 도덕, 윤리, 도덕적이
17. 道理 [dàolǐ] [명] 도리
18. 改正 [gǎizhèng] [동] 개정하다, 시정하다
19. 综合 [zōnghé] [명] 종합 [동] 종합하다
20. 包括 [bāokuò] [동] 포괄하다, 포함하다

21. 包含 [bāohán] [동] 포함하다, 내포하다
22. 反映 [fǎnyìng] [동] 반사하다, 반영하다, 보고하다
23. 罚款 [fá//kuǎn] [동] 벌금을 부과하다
24. 遵守 [zūnshǒu] [동] 지키다, 준수하다
25. 制度 [zhìdù] [명] 제도
26. 制定 [zhìdìng] [동] 세우다, 제정하다
27. 秩序 [zhìxù] [명] 질서
28. 执行 [zhíxíng] [동] 집행하다

시합 경기와 관련된 어휘

1. 安排 [ānpái] [동] 안배하다, 준비하다
2. 比赛 [bǐsài] [명] 경기, 시합
3. 超过 [chāo//guò] [동] 초과하다, 넘다
4. 奋斗 [fèndòu] [동] 분투하다
5. 激烈 [jīliè] [동] 격렬하다, 치열하다
6. 举行 [jǔxíng] [동] 거행하다
7. 巨大 [jùdà] [동] 거대하다
8. 决赛 [juésài] [명] 결승전
9. 开始 [kāishǐ] [동] 시작하다
10. 排球 [páiqiú] [명] 배구
11. 乒乓球 [pīngpāngqiú] [명] 탁구
12. 射击 [shèjī] [명] 사격
13. 体育 [tǐyù] [명] 체육
14. 网球 [wǎngqiú] [명] 테니스
15. 游泳 [yóuyǒng] [명] 수영 [동] 수영하다
16. 开幕式 [kāimùshì] [명] 개막식

제1과 본문 ①

小 金: 张经理, 您在这儿啊, 我都找您半天了!
Xiǎo Jīn: Zhāng jīnglǐ, nín zài zhèr a, wǒ dōu zhǎo nín bàntiān le!

张经理: 什么事儿啊, 小金?
Zhāng jīnglǐ: Shénme shìr a, Xiǎo Jīn?

小 金: 韩星电子的李部长来了, 我给您介绍一下。李部长,
Xiǎo Jīn: Hánxīng Diànzǐ de Lǐ bùzhǎng lái le, wǒ gěi nín jièshao yíxià. Lǐ bùzhǎng,

这位是张经理。张经理, 这位是韩星电子的李瑜真部长。
zhè wèi shì Zhāng jīnglǐ. Zhāng jīng lǐ, zhè wèi shì Hánxīng Diànzǐ de Lǐ Yùzhēn bùzhǎng.

张经理: 哎呀, 李部长, 幸会幸会!
Zhāng jīnglǐ: Āiya, Lǐ bùzhǎng, xìnghuì xìnghuì!

李部长: 张经理, 您好! 见到您很高兴, 这是我的名片。
Lǐ bùzhǎng: Zhāng jīnglǐ, nín hǎo! Jiàndào nín hěn gāoxìng, zhè shì wǒ de míngpiàn.

张经理: 我也一直久仰您的大名, 欢迎您来我们公司, 这是我的名片。
Zhāng jīnglǐ: Wǒ yě yìzhí jiǔyǎng nín de dàmíng, huānyíng nín lái wǒmen gōngsī, zhè shì wǒ de míngpiàn.

李部长: 谢谢! 这次, 我是代表我们公司来签订下半年的
Lǐ bùzhǎng: Xièxie! Zhècì, wǒ shì dàibiǎo wǒmen gōngsī lái qiāndìng xià bàn nián de

销售合同的。
xiāoshòu hétong de.

张经理: 是这样啊, 那可真是太好了, 我们也一直很期待这次合作!
Zhāng jīnglǐ: Shì zhèyàng a, nà kě zhēn shì tài hǎo le, wǒmen yě yìzhí hěn qīdài zhècì hézuò!

小 金: 张经理, 那我先陪李部长去酒店整理一下。
Xiǎo Jīn: Zhāng jīnglǐ, nà wǒ xiān péi Lǐ bùzhǎng qù jiǔdiàn zhěnglǐ yíxià.

张经理: 好, 您先去休息一下。关于合同, 我们下午开会再详细谈谈。
Zhāng jīnglǐ: Hǎo, nín xiān qù xiūxi yíxià. Guānyú hétong, wǒmen xiàwǔ kāi huì zài xiángxì tántan.

李部长: 行, 那我下午再来拜访。
Lǐ bùzhǎng: Xíng, nà wǒ xiàwǔ zài lái bàifǎng.

제1과 본문 ❷

我们公司成立于1975年，至今已经有几十年的历史了。
Wǒmen gōngsī chénglìyú yī jiǔ qī wǔ nián, zhìjīn yǐjīng yǒu jǐ shí nián de lìshǐ le.

是韩国一家著名的电子厂商，主要生产电视、空调、电冰箱、
Shì Hánguó yìjiā zhùmíng de diànzǐ chǎngshāng, zhǔyào shēngchǎn diànshì, kōngtiáo, diànbīngxiāng,

微波炉以及电脑。它位于首尔市南十几公里，
wēibōlú yǐjí diànnǎo. Tā wèiyú Shǒu'ěr Shì nán shí jǐ gōnglǐ,

距离市区远近适中，交通比较便利，而且环境优美。
jùlí shìqū yuǎnjìn shìzhōng, jiāotōng bǐjiào biànlì, érqiě huánjìng yōuměi.

我们公司现在有200多名职员，大部分是韩国人，也有中国人、
Wǒmen gōngsī xiànzài yǒu èrbǎi duō míng zhíyuán, dàbùfen shì Hánguórén, yě yǒu Zhōngguórén,

美国人和日本人。平时，大家都在一起工作，业余时间
Měiguórén hé Rìběnrén. Píngshí, dàjiā dōu zài yìqǐ gōngzuò, yèyú shíjiān

聚在一起"侃大山"，或者参加各种文体活动，十分有趣。
jùzài yìqǐ "kǎn dàshān", huòzhě cānjiā gèzhǒng wéntǐ huódòng, shífēn yǒuqù.

通过和外国同事的接触，使我们更加了解外国的文化，
Tōngguò hé wàiguó tóngshì de jiēchù, shǐ wǒmen gèngjiā liǎojiě wàiguó de wénhuà,

而且公司的气氛也更好了。
érqiě gōngsī de qìfēn yě gèng hǎo le.

제2과 본문 ❶

张经理: 李部长, 快请进。
Zhāng jīnglǐ: Lǐ bùzhǎng, kuài qǐng jìn.

李部长: 张经理, 让您久等了。这家饭店看起来真不错啊!
Lǐ bùzhǎng: Zhāng jīnglǐ, ràng nín jiǔ děng le. Zhè jiā fàndiàn kàn qǐlai zhēn búcuò a!

张经理: 您满意就好。今晚请您尝尝正宗的中国菜。
Zhāng jīnglǐ: Nín mǎnyì jiù hǎo. Jīnwǎn qǐng nín chángchang zhèngzōng de Zhōngguó cài.

您有没有什么忌口的东西啊?
Nín yǒu méiyou shénme jìkǒu de dōngxi a?

李部长: 一般的都没什么问题。不过, 我不太喜欢香菜,
Lǐ bùzhǎng: Yìbān de dōu méi shénme wèntí. Búguò, wǒ bú tài xǐhuan xiāngcài,

味道太特别了。
wèidao tài tèbié le.

张经理: 那您能吃辣的吗?
Zhāng jīnglǐ: Nà nín néng chī là de ma?

李部长: 能啊, 我很喜欢吃辣的。韩国菜有的也比较辣。
Lǐ bùzhǎng: Néng a, wǒ hěn xǐhuan chī là de. Hánguó cài yǒu de yě bǐjiào là.

张经理: 是吗? 那今晚就吃四川菜怎么样?
Zhāng jīnglǐ: Shì ma? Nà jīnwǎn jiù chī Sìchuān cài zěnmeyàng?

李部长: 太好了, 我早就听说过四川菜是以麻辣著称的。
Lǐ bùzhǎng: Tài hǎo le, wǒ zǎojiù tīngshuōguo Sìchuān cài shì yǐ málà zhùchēng de.

今天终于有机会吃到地道的四川菜了!
Jīntiān zhōngyú yǒu jīhuì chīdào dìdao de Sìchuān cài le!

张经理: 那咱们就开始点菜吧。请您看看菜单。
Zhāng jīnglǐ: Nà zánmen jiù kāishǐ diǎn cài ba. Qǐng nín kànkan càidān.

李部长: 我不太懂, 还是张经理您来点吧。
Lǐ bùzhǎng: Wǒ bú tài dǒng, háishì Zhāng jīnglǐ nín lái diǎn ba.

제2과 본문 ❷

中国人对饮食十分注重。因为各地的人口味都不太相同,
Zhōngguórén duì yǐnshí shífēn zhùzhòng. Yīnwéi gèdì de rén kǒuwèi dōu bú tài xiāngtóng,

所以中国菜的种类也 十分多样。一般可以分为八大菜系。
suǒyǐ Zhōngguócài de zhǒnglèi yě shífēn duō yàng. Yìbān kěyǐ fēnwéi bā dà càixì.

有广东菜、湖南菜、福建菜、四川菜、江苏菜、浙江菜、山东菜和
Yǒu Guǎngdōng cài、Húnán cài、Fújiàn cài、Sìchuān cài、Jiāngsū cài、Zhèjiāng cài、Shāndōng cài hé

安徽菜。这几个地方的菜肴都有各自的特点。有的原料丰富,
Ānhuī cài. Zhè jǐ ge dìfang de càiyáo dōu yǒu gèzì de tèdiǎn. Yǒu de yuánliào fēngfù,

有的鲜香酸辣,有的口味清鲜,有的麻辣咸香。总之是各不相同。
yǒu de xiānxiāng suānlà, yǒu de kǒuwèi qīngxiān, yǒu de málà xiánxiāng. Zǒngzhī shì gè bù xiāngtóng.

而且,在中国,北方人一般喜欢吃面食,而南方人则更喜欢吃
Érqiě, zài Zhōngguó, běifāng rén yìbān xǐhuan chī miànshí, ér nánfāng rén zé gèng xǐhuan chī

米饭。这是因为中国北方的气候适合种植小麦,而南部适合
mǐfàn. Zhè shì yīnwèi Zhōngguó běifāng de qìhou shìhé zhòngzhí xiǎomài, ér nánbù shìhé

稻谷生长。不过,现在由于全国各地的人 南来北往,
dàogǔ shēngzhǎng. Búguò, xiànzài yóuyú quánguó gèdì de rén nán lái běi wǎng,

也把自己的饮食文化带到了其他地方。所以,无论在中国的
yě bǎ zìjǐ de yǐnshí wénhuà dàidàole qítā dìfang. Suǒyǐ, wúlùn zài Zhōngguó de

哪个地方,都可以吃到各地多种多样的名菜了。
nǎge dìfang, dōu kěyǐ chīdào gèdì duō zhǒng duō yàng de míngcài le.

제3과 본문 ①

患者: 大夫, 您好!
huànzhě: Dàifu, nín hǎo!

医生: 你好, 哪儿不舒服啊?
yīshēng: Nǐ hǎo, nǎr bù shūfu a?

患者: 我肚子不太舒服。胃疼, 总是不想吃东西,
huànzhě: Wǒ dùzi bú tài shūfu. Wèiténg, zǒngshì bù xiǎng chī dōngxi,
有的时候还恶心。
yǒu de shíhou hái ěxīn.

医生: 这种情况持续多长时间了?
yīshēng: Zhè zhǒng qíngkuàng chíxù duō cháng shíjiān le?

患者: 从早上开始就这样了。我自己买了点治胃疼的药吃了,
huànzhě: Cóng zǎoshang kāishǐ jiù zhèyàng le. Wǒ zìjǐ mǎile diǎn zhì wèiténg de yào chī le,
可是没什么效果。
kěshì méi shénme xiàoguǒ.

医生: 你这是急性肠炎。是不是吃了什么不干净的东西啊?
yīshēng: Nǐ zhè shì jíxìng chángyán. Shì bu shì chīle shénme bù gānjing de dōngxi a?

患者: 哎呀! 我早上走得急, 来不及吃饭, 就在外面的
huànzhě: Āiya! Wǒ zǎoshang zǒude jí, láibují chī fàn, jiù zài wàimiàn de
小摊儿上吃了一碗馄饨。
xiǎotānr shàng chīle yì wǎn húntún.

医生: 那可能就是这个原因。外面有些露天的小摊儿不太卫生,
yīshēng: Nà kěnéng jiù shì zhège yuányīn. Wàimiàn yǒuxiē lùtiān de xiǎotānr bú tài wèishēng,
还是尽量不要去。
háishì jǐnliàng bú yào qù.

患者: 您说得对!
huànzhě: Nín shuōde duì!

医生: 我给你开一些口服药, 按照剂量, 一天吃三次, 另外还要
yīshēng: Wǒ gěi nǐ kāi yìxiē kǒufúyào, ànzhào jìliàng, yìtiān chī sān cì, lìngwài háiyào
打3天吊针。
dǎ sān tiān diào zhēn.

患者: 嗨, 图了一时的方便, 反而更麻烦了。真不划算啊!
huànzhě: Hēi, túle yìshí de fāngbiàn, fǎn'ér gèng máfan le. Zhēn bù huásuàn a!

제3과 본문 ②

昨天，我的美国朋友安娜病了。我带她去看了中医。中医是
Zuótiān, wǒ de Měiguó péngyou Ānnà bìng le. Wǒ dài tā qù kàn le Zhōngyī. Zhōngyī shì

指中国的传统医术，和韩国的传统医学"韩医"十分相似。
zhǐ Zhōngguó de chuántǒng yīshù, hé Hánguó de Chuántǒng yīxué "Hányī" shífēn xiāngsì.

中医的治疗方法有很多种。其中，最有名的应该算是针灸了。
Zhōngyī de zhìliáo fāngfǎ yǒu hěn duō zhǒng. Qízhōng, zuì yǒumíng de yīnggāi suànshì zhēnjiǔ le.

针灸是使用一根根和头发丝一样细的银针扎在病人的身上。
Zhēnjiǔ shì shǐyòng yì gēn gēn hé tóufa sī yíyàng xì de yínzhēn zhāzài bìngrén de shēn shàng.

安娜说，自己针灸的样子很像一只刺猬。虽然看起来很"可怕"，
Ānnà shuō, zìjǐ zhēnjiǔ de yàngzi hěn xiàng yì zhī cìwei. Suīrán kànqǐlai hěn "kěpà",

但它可以通过针扎来刺激人的身体穴位，治疗疾病。
dàn tā kěyǐ tōngguò zhēnzhā lái cìjī rén de shēntǐ xuéwèi, zhìliáo jíbìng.

中国有句老话叫做"良药苦口利于病"，说的就是中医大夫使用
Zhōngguó yǒu jù lǎohuà jiàozuò "liángyào kǔ kǒu lìyú bìng", shuō de jiùshì Zhōngyī dàifu shǐyòng

各种草药制作的中药，虽然这种药的味道很苦，但是
gèzhǒng cǎoyào zhìzuò de Zhōngyào, suīrán zhè zhǒng yào de wèidao hěn kǔ, dànshì

能够使人恢复健康。外国朋友们都觉得中医非常"神奇"。
nénggòu shǐ rén huīfù jiànkāng. Wàiguó péngyoumen dōu juéde Zhōngyī fēicháng "shénqí".

제4과 본문 ①

刘晓敏: 老张, 你这是上哪儿去啊?
Liú Xiǎomǐn: Lǎo Zhāng, nǐ zhè shì shàng nǎr qù a?

张华: 今天是周末, 我陪我太太去打乒乓球。
Zhāng Huá: Jīntiān shì zhōumò, wǒ péi wǒ tàitai qù dǎ pīngpāngqiú.

刘晓敏: 嗬, 你们家的业余生活还挺丰富的嘛!
Liú Xiǎomǐn: Hē, nǐmen jiā de yèyú shēnghuó hái tǐng fēngfù de ma!

张华: 嗨, 我太太喜欢打乒乓球, 我喜欢下象棋,
Zhāng Huá: Hēi, wǒ tàitai xǐhuan dǎ pīngpāngqiú, wǒ xǐhuan xià xiàngqí,

我儿子喜欢游泳, 真是众口难调啊。
wǒ érzi xǐhuan yóuyǒng, zhēn shì zhòng kǒu nán tiáo a.

刘晓敏: 这样啊, 那不如你们全家一起培养一个新的兴趣爱好,
Liú Xiǎomǐn: Zhèyàng a, nà bùrú nǐmen quán jiā yìqǐ péiyǎng yí ge xīn de xìngqù àihào,

这不就全解决啦!
zhè bú jiù quán jiějué la!

张华: 也对。你平时有空都干些什么啊?
Zhāng Huá: Yě duì. Nǐ píngshí yǒu kòng dōu gàn xiē shénme a?

刘晓敏: 我啊, 平时工作忙, 好不容易周末能歇歇,
Liú Xiǎomǐn: Wǒ a, píngshí gōngzuò máng, hǎo bù róngyì zhōumò néng xiēxie,

也不想出去运动, 就在家养养花, 喂喂鸟。
yě bù xiǎng chūqu yùndòng, jiù zài jiā yǎngyang huā, wèiwei niǎo.

张华: 也挺好的, 不仅能丰富生活, 还能陶冶性情。
Zhāng Huá: Yě tǐng hǎo de, bùjǐn néng fēngfù shēnghuó, hái néng táoyě xìngqíng.

哎呀, 光顾着说话了, 我得赶紧走了, 回头见!
Āiya, guāng gùzhe shuō huà le, wǒ děi gǎnjǐn zǒu le, huí tóu jiàn!

刘晓敏: 好的, 再见。
Liú Xiǎomǐn: Hǎo de, zàijiàn.

제4과 본문 ❷

现代人的生活、工作十分繁忙，在闲暇的时候人们大多会选择
Xiàndàirén de shēnghuó、gōngzuò shífēn fánmáng, zài xiánxiá de shíhou rénmen dàduō huì xuǎnzé

一些自己喜欢的活动，来消除压力放松自己。这些业余生活的
yìxiē zìjǐ xǐhuan de huódòng, lái xiāochú yālì fàngsōng zìjǐ. Zhèxiē yèyú shēnghuó de

种类十分多样。常见的有体育运动、学习技艺、旅游、读书、
zhǒnglèi shífēn duōyàng. Chángjiàn de yǒu tǐyù yùndòng、xuéxí jìyì、lǚyóu、dúshū、

园艺、集邮、手工艺、钓鱼等等。不过，有些人不愿意和其他人
yuányì、jíyóu、shǒugōngyì、diàoyú děngděng. Búguò, yǒuxiē rén bú yuànyì hé qítā rén

有相同的兴趣，而是希望自己的爱好能够"独树一帜"。
yǒu xiāngtóng de xìngqù, érshì xīwàng zìjǐ de àihào nénggòu "dúshù yízhì".

比如，饲养壁虎、蜥蜴等特别少见的宠物，进行攀岩、蹦极等
Bǐrú, sìyǎng bìhǔ、xīyì děng tèbié shǎo jiàn de chǒngwù, jìnxíng pānyán、bèngjí děng

刺激的户外活动，甚至是收集各种演出门票等特别的物品。
cìjī de hùwài huódòng, shènzhì shì shōují gèzhǒng yǎnchū ménpiào děng tèbié de wùpǐn.

通过在业余时间培养兴趣爱好，不仅能够使我们的身心得到
Tōngguò zài yèyú shíjiān péiyǎng xìngqù àihào, bùjǐn nénggòu shǐ wǒmen de shēnxīn dédào

陶冶，而且能够塑造一个人的性格。但是，还是有许多人的
táoyě, érqiě nénggòu sùzào yí ge rén de xìnggé. Dànshì, háishì yǒu xǔduō rén de

生活以工作为中心，所以无法充分享受业余休闲，空闲的时候也
shēnghuó yǐ gōngzuò wéi zhōngxīn, suǒyǐ wúfǎ chōngfèn xiǎngshòu yèyú xiūxián, kòngxián de shíhou yě

只是呆在家里休息。看来要做到工作和业余休闲两不误并不是
zhǐshì dāizài jiā li xiūxi. Kànlái yào zuòdào gōngzuò hé yèyú xiūxián liǎng búwù bìng bú shì

一件容易的事。
yí jiàn róngyì de shì.

제5과 본문 ❶

王文思: 志勋, 你听说了吗? 咱们系的同学准备自发组织去旅行。
Wáng Wénsī: Zhìxūn, nǐ tīngshuō le ma? Zánmen xì de tóngxué zhǔnbèi zìfā zǔzhī qù lǚxíng.

崔志勋: 是吗? 我还不知道呢。什么时候去啊?
Cuī Zhìxūn: Shì ma? Wǒ hái bù zhīdao ne. Shénme shíhou qù a?

王文思: 听说是下周五。
Wáng Wénsī: Tīngshuō shì xià zhōuwǔ.

崔志勋: 去哪儿啊?
Cuī Zhìxūn: Qù nǎr a?

王文思: 好像是去张家界。哎, 你来中国这么长时间了,
Wáng Wénsī: Hǎoxiàng shì qù Zhāngjiājiè. Āi, nǐ lái Zhōngguó zhème cháng shíjiān le,

去哪些地方旅游了?
qù nǎxiē dìfang lǚyóu le?

崔志勋: 因为我很喜欢登山, 所以第一次暑假的时候就去了泰山。
Cuī Zhìxūn: Yīnwèi wǒ hěn xǐhuan dēngshān, suǒyǐ dì yī cì shǔjià de shíhou jiù qù le Tài Shān.

王文思: 是吗, 早就听说泰山是中国第一名山,
Wáng Wénsī: Shì ma, zǎo jiù tīngshuō Tài Shān shì Zhōngguó dì yī míng shān,

不过我还没有机会去呢。
búguò wǒ hái méiyou jīhuì qù ne.

崔志勋: 文思, 你到哪些地方旅游了?
Cuī Zhìxūn: Wénsī, nǐ dào nǎxiē dìfang lǚyóu le?

王文思: 因为我比较喜欢有水的地方, 所以去了云南的丽江,
Wáng Wénsī: Yīnwèi wǒ bǐjiào xǐhuan yǒu shuǐ de dìfang, suǒyǐ qù le Yúnnán de Lìjiāng,

四川的九寨沟, 还有浙江的西湖。
Sìchuān de Jiǔzhàigōu, háiyǒu Zhèjiāng de Xī Hú.

崔志勋: 你去的可都是风光秀丽的好地方啊!
Cuī Zhìxūn: Nǐ qù de kě dōu shì fēngguāng xiùlì de hǎo dìfang a!

王文思: 呵呵, 要是你有兴趣, 下次我们一起去旅游吧!
Wáng Wénsī: Hēhe, yàoshi nǐ yǒu xìngqù, xiàcì wǒmen yìqǐ qù lǚyóu ba!

제5과 본문 ❷

如果你喜欢旅行，那你一定要去中国看看。在中国，你可以找到
Rúguǒ nǐ xǐhuan lǚxíng, nà nǐ yídìng yào qù Zhōngguó kànkan. Zài Zhōngguó, nǐ kěyǐ zhǎodào

各种不同特色的旅游胜地。
gèzhǒng bùtóng tèsè de lǚyóu shèngdì.

喜欢登山的人，可以去中国的五岳 —— 泰山、华山、衡山、恒山
Xǐhuan dēngshān de rén, kěyǐ qù Zhōngguó de Wǔ Yuè —— Tài Shān、Huá Shān、Héng Shān、Héng Shān

和嵩山；喜欢江河湖海的人，可以去中国最大的咸水湖 ——
hé Sōng Shān ; xǐhuan jiāng hé hú hǎi de rén, kěyǐ qù Zhōngguó zuì dà de xián shuǐ hú ——

青海湖、杭州的西湖、海南岛等；如果你喜欢文化古迹，
Qīnghǎi Hú、Hángzhōu de Xī Hú、Hǎinán Dǎo děng ; rúguǒ nǐ xǐhuan wénhuà gǔjì,

那我就推荐你去西安，那儿曾是中国十三个王朝的都城。
nà wǒ jiù tuījiàn nǐ qù Xī'ān, nàr céng shì Zhōngguó shí sān ge Wángcháo de dūchéng.

而且西安的城墙是中国明代时期修建的，已经有600多年的
Érqiě Xī'ān de chéngqiáng shì Zhōngguó míngdài shíqī xiūjiàn de, yǐjīng yǒu liùbǎi duō nián de

历史了，是中国至今保存最完整的古代城墙建筑。对中国
lìshǐ le, shì Zhōngguó zhìjīn bǎocún zuì wánzhěng de gǔdài chéngqiáng jiànzhù. Duì Zhōngguó

武术感兴趣的朋友，一定不能错过河南的少林寺，它的武术
wǔshù gǎn xìngqù de péngyou, yídìng bù néng cuòguo Hénán de Shàolínsì, tā de wǔshù

世界闻名。而且，中国各地都有自己的代表饮食。在旅行的
shìjiè wénmíng. Érqiě, Zhōngguó gèdì dōu yǒu zìjǐ de dàibiǎo yǐnshí. Zài lǚxíng de

同时，大家还可以品尝各地不同风味的小吃。真是一举两得。
tóngshí, dàjiā hái kěyǐ pǐncháng gèdì bùtóng fēngwèi de xiǎochī. Zhēn shì yì jǔ liǎng dé.

제6과 본문 ❶

小金: Xiǎo Jīn:	您好, 我想订房, 麻烦您帮我转一下客房预订部。 Nín hǎo, wǒ xiǎng dìngfáng, máfan nín bāng wǒ zhuǎn yíxià kèfáng yùdìngbù.
前台: qiántái:	好的, 请稍等。 Hǎo de, qǐng shāo děng.
客房部: kèfángbù:	您好, 这里是客房预订部。 Nín hǎo, zhèli shì kèfáng yùdìngbù.
小金: Xiǎo Jīn:	我想预订这个星期五的客房, 有双人间吗? Wǒ xiǎng yùdìng zhège xīngqīwǔ de kèfáng, yǒu shuāng rén jiān ma?
客房部: kèfángbù:	请问您需要几间? Qǐngwèn nín xūyào jǐ jiān?
小金: Xiǎo Jīn:	需要两间。 Xūyào liǎng jiān.
客房部: kèfángbù:	对不起先生, 星期五只剩下一个双人间了, 每天1150元。 Duìbuqǐ xiānsheng, xīngqīwǔ zhǐ shèngxià yí ge shuāngrénjiān le, měitiān yìqiān yìbǎi wǔshí yuán. 不过我们还有单人间, 每天750元, 您看可以吗? Búguò wǒmen háiyǒu dānrénjiān, měitiān qībǎi wǔshí yuán, nín kàn kěyǐ ma?
小金: Xiǎo Jīn:	没办法, 那就订一个双人间和两个单人间吧。 Méi bànfǎ, nà jiù dìng yí ge shuāngrénjiān hé liǎng ge dānrénjiān ba.
客房部: kèfángbù:	麻烦您提供一下预订人的姓名、身份证号码和联系方式。 Máfan nín tígōng yíxià yùdìng rén de xìngmíng, shēnfènzhèng hàomǎ hé liánxì fāngshì.
小金: Xiǎo Jīn:	金新, 6212325198105181557, 电话是13812342587。 Jīn Xīn, 6212325198105181557, diànhuà shì 13812342587. 如果需要取消预订的话怎么办? Rúguǒ xūyào qǔxiāo yùdìng dehuà zěnme bàn?
客房部: kèfángbù:	我们会为您将客房保留到星期五下午3点, 如果3点之后 Wǒmen huì wèi nín jiāng kèfáng bǎoliúdào xīngqīwǔ xiàwǔ sān diǎn, rúguǒ sān diǎn zhīhòu 没有入住, 就会自动取消。您也可以打电话取消。 méiyou rùzhù, jiùhuì zìdòng qǔxiāo. Nín yě kěyǐ dǎ diànhuà qǔxiāo. 预订号码为20120404123。 Yùdìng hàomǎ wéi 20120404123.
小金: Xiǎo Jīn:	好的。如果需要延长保留时间的话我再给您打电话。 Hǎo de. Rúguǒ xūyào yáncháng bǎoliú shíjiān dehuà wǒ zài gěi nín dǎ diànhuà.

제6과 본문 ②

说起中国的娱乐服务行业，最普遍的应该就是中式按摩了。
Shuōqǐ Zhōngguó de yúlè fúwù hángyè, zuì pǔbiàn de yīnggāi jiù shì zhōngshì ànmó le.

按摩又叫做推拿，历史非常悠久，是中国传统医学的
Ànmó yòu jiào zuò tuīná, lìshǐ fēicháng yōujiǔ, shì Zhōngguó chuántǒng yīxué de

重要组成部分。它使用手指、手掌的力量来按压身体的穴道，
zhòngyào zǔchéng bùfen. Tā shǐyòng shǒuzhǐ、shǒuzhǎng de lìliang lái ànyā shēntǐ de xuédào,

可以缓解疼痛，治疗疾病，放松精神。
kěyǐ huǎnjiě téngtòng, zhìliáo jíbìng, fàngsōng jīngshén.

十分适合生活压力大、工作繁忙和用脑过度的人。
Shífēn shìhé shēnghuó yālì dà、gōngzuò fánmáng hé yòng nǎo guòdù de rén.

特别是足底按摩，更是让人感到身心放松，
Tèbié shì zú dǐ ànmó, gèng shì ràng rén gǎndào shēnxīn fàngsōng,

非常舒服。除了按摩，有些人还喜欢和朋友一起去唱卡拉OK。
fēicháng shūfu. Chúle ànmó, yǒuxiē rén hái xǐhuan hé péngyou yìqǐ qù chàng kǎlā OK.

和朋友们一起唱歌不仅可以展示自己的歌喉，
Hé péngyoumen yìqǐ chàng gē bùjǐn kěyǐ zhǎnshì zìjǐ de gēhóu,

而且还可以通过歌声让自己忘记烦恼的事儿，减轻生活压力。
érqiě hái kěyǐ tōngguò gēshēng ràng zìjǐ wàngjì fánnǎo de shìr, jiǎnqīng shēnghuó yālì.

不过，服务行业中最受女孩子欢迎的，应该算是美容了。
Búguò, fúwù hángyè zhōng zuì shòu nǚháizi huānyíng de, yīnggāi suànshì měiróng le.

在舒适的环境中，一边听着优美的音乐，一边做着美容，
Zài shūshì de huánjìng zhōng, yìbiān tīngzhe yōuměi de yīnyuè, yìbiān zuòzhe měiróng,

是不是感觉自己变得年轻了好几岁呢？
shì bu shì gǎnjué zìjǐ biànde niánqīng le hǎo jǐ suì ne?

제7과 본문 ❶

王文思: 志勋, 明天有时间吗? 和我们一起去逛街吧。
Wáng wénsī: Zhìxūn, míngtiān yǒu shíjiān ma? Hé wǒmen yìqǐ qù guàngjiē ba.

崔志勋: 对不起, 明天真的不行。我有个韩国朋友来中国留学了,
Cuī Zhìxūn: Duìbuqǐ, míngtiān zhēnde bù xíng. Wǒ yǒu ge Hánguó péngyou lái Zhōngguó liúxué le.

我得去陪他找房子。
wǒ děi qù péi tā zhǎo fángzi.

王文思: 哦, 原来是这样啊。最近是淡季, 房子可能不太好找啊。
Wáng wénsī: À, yuánlái shì zhèyàng a. Zuìjìn shì dànjì, fángzi kěnéng bú tài hǎo zhǎo a.

崔志勋: 可不是吗。我们昨天去找了一整天, 也没有合适的。
Cuī Zhìxūn: Kěbushì ma. Wǒmen zuótiān qù zhǎo le yì zhěng tiān, yě méiyou héshì de.

王文思: 他想在哪儿住啊?
Wáng wénsī: Tā xiǎng zài nǎr zhù a?

崔志勋: 因为他刚来不熟悉, 所以想住在学校附近。
Cuī Zhìxūn: Yīnwéi tā gāng lái bù shúxi, suǒyǐ xiǎng zhùzài xuéxiào fùjìn.

王文思: 学校附近的房子可不便宜啊。
Wáng wénsī: Xuéxiào fùjìn de fángzi kě bù piányi a.

崔志勋: 是啊, 房子合适的, 价格太贵; 价格合适的,
Cuī Zhìxūn: Shì a, fángzi héshì de, jiàgé tài guì; jiàgé héshì de,

房子又不怎么样。
fángzi yòu bù zěnmeyàng.

王文思: 哎, 有办法了! 你可以帮他找中国朋友一起合租啊!
Wáng wénsī: Āi, yǒu bànfǎ le! Nǐ kěyǐ bāng tā zhǎo Zhōngguó péngyou yìqǐ hézū a!

崔志勋: 哈哈, 这真是个好办法! 我怎么没想到呢!
Cuī Zhìxūn: Hāhā, zhè zhēn shì ge hǎo bànfǎ! Wǒ zěnme méi xiǎngdào ne!

王文思: 合租的话既可以节省租金, 又可以和中国朋友练习口语!
Wáng wénsī: Hézū dehuà jì kěyǐ jiéshěng zūjīn, yòu kěyǐ hé Zhōngguó péngyou liànxí kǒuyǔ!

崔志勋: 嗯! 我这就去告诉他!
Cuī Zhìxūn: Ēn! Wǒ zhè jiù qù gàosu tā!

제7과 본문 ❷

昨天我去银行存钱的时候, 遇见了以前的同事小金。
Zuótiān wǒ qù yínháng cúnqián de shíhou, yùjiàn le yǐqián de tóngshì Xiǎo Jīn.

我们聊了几句, 他说他今年秋天就要结婚了, 可是,
Wǒmen liáole jǐ jù, tā shuō tā jīnnián qiūtiān jiùyào jiéhūn le, kěshì,

他看起来不怎么开心。我问他怎么回事儿, 他说,
tā kàn qǐlai bù zěnme kāixīn. Wǒ wèn tā zěnme huí shìr, tā shuō,

马上要结婚了, 可是结婚的房子还没买, 正在担心呢。
mǎshàng yào jiéhūn le, kěshì jiéhūn de fángzi hái méi mǎi, zhèngzài dānxīn ne.

中国在改革开放以后, 特别是最近的十几年,
Zhōngguó zài gǎigé kāifàng yǐhòu, tèbié shì zuìjìn de shíjǐ nián,

房价一直很贵, 而且还在继续上涨。甚至一些年轻人,
fángjià yìzhí hěn guì, érqiě hái zài jìxù shàngzhǎng. Shènzhì yìxiē niánqīngrén,

由于房子的问题都没办法结婚。因为大部分女孩子都希望
yóuyú fángzi de wèntí dōu méi bànfǎ jiéhūn. Yīnwéi dàbùfen nǚháizi dōu xīwàng

男朋友能有自己的房子, 而且她们觉得租房子既不划算,
nánpéngyou néng yǒu zìjǐ de fángzi, érqiě tāmen juéde zū fángzi jì bù huásuàn,

又没有安全感。为了解决这个问题, 大部分人只好去银行
yòu méiyou ānquángǎn. Wèile jiějué zhège wèntí, dàbùfen rén zhǐhǎo qù yínháng

贷款买房。但是, 也有的年轻人选择"裸婚"。"裸婚"的
dàikuǎn mǎi fáng. Dànshì, yě yǒu de niánqīngrén xuǎnzé "luǒhūn". "Luǒhūn" de

意思是不买房子, 不买车, 也不举办婚礼, 只领结婚证,
yìsi shì bù mǎi fángzi, bù mǎi chē, yě bù jǔbàn hūnlǐ, zhǐ lǐng jiéhūnzhèng,

简简单单地结婚。不过, 能接受"裸婚"的女孩子还是不多。
jiǎnjian dāndān de jiéhūn. Búguò, néng jiēshòu "luǒhūn" de nǚháizi háishì bù duō.

제8과 본문 ❶

崔志勋: 文思, 这么巧啊!
Cuī zhìxūn: Wénsī, zhème qiǎo a!

王文思: 是啊, 你也出来逛街吗?
Wáng Wénsī: Shì a, nǐ yě chūlai guàngjiē ma?

崔志勋: 嗯, 家里的音响坏了, 今天来看看有没有合适的, 再买一台。
Cuī zhìxūn: Ēn, jiā li de yīnxiǎng huài le, jīntiān lái kànkan yǒu méiyou héshì de, zài mǎi yì tái.

王文思: 我正好也要去中关村买电脑键盘, 要不我们一起去?
Wáng Wénsī: Wǒ zhènghǎo yě yào qù Zhōngguān Cūn mǎi diànnǎo jiànpán, yàobù wǒmen yìqǐ qù?

崔志勋: 那可太好了, 我正好不太懂电子产品, 你陪我一起挑挑吧。
Cuī zhìxūn: Nà kě tài hǎo le, wǒ zhènghǎo bú tài dǒng diànzǐ chǎnpǐn, nǐ péi wǒ yìqǐ tiāotiao ba.

王文思: 中关村有北京最大的电子产品市场, 在全国也很有名。
Wáng Wénsī: Zhōngguān Cūn yǒu Běijīng zuì dà de diànzǐ chǎnpǐn shìchǎng, zài quánguó yě hěn yǒumíng.

在那儿一定能找到你满意的!
Zài nàr yídìng néng zhǎodào nǐ mǎnyì de!

崔志勋: 其实我也不想买太贵的, 只要质量好, 价格适中就可以了。
Cuī zhìxūn: Qíshí wǒ yě bù xiǎng mǎi tài guì de, zhǐyào zhìliàng hǎo, jiàgé shìzhōng jiù kěyǐ le.

王文思: 没错。再说了, 现在的东西淘汰得太快了,
Wáng Wénsī: Méi cuò. Zài shuō le, xiànzài de dōngxi táotàide tài kuài le,

只是外表好看可不行啊。
zhǐshì wàibiǎo hǎokàn kě bù xíng a.

崔志勋: 嗯。对了, 我中文不太好, 该不会受骗吧?
Cuī zhìxūn: Ēn. Duì le, wǒ Zhōngwén bú tài hǎo, gāi bú huì shòupiàn ba?

王文思: 放心, 有我帮你讲价, 不会受骗的。
Wáng Wénsī: Fàngxīn, yǒu wǒ bāng nǐ jiǎngjià, bú huì shòupiàn de.

崔志勋: 等会儿我们先去电子大厦一楼看看吧,
Cuī zhìxūn: Děng huìr wǒmen xiān qù diànzǐ dàshà yī lóu kànkan ba,

听说那儿正在打折呢!
tīngshuō nàr zhèngzài dǎzhé ne!

제8과 본문 ❷

如果你是一个外国人，那么，在中国购物的时候可一定要注意。
Rúguǒ nǐ shì yí ge wàiguó rén, name, zài Zhōngguó gòuwù de shíhou kě yídìng yào zhùyì.

中国人在做买卖的时候，大部分是需要讨价还价的。
Zhōngguó rén zài zuò mǎimài de shíhou, dàbùfen shì xūyào tǎojià huánjià de.

今天就教大家几招讨价还价的好方法。
Jīntiān jiù jiāo dàjiā jǐ zhāo tǎojià huánjià de hǎo fāngfǎ.

首先，明确自己要买的东西，多逛逛，比较各家店铺的价格。
Shǒuxiān, míngquè zìjǐ yào mǎi de dōngxi, duō guàngguang, bǐjiào gè jiā diànpù de jiàgé.

遇到还算满意的价格先不要急着购买。即使你很想买一样东西，
Yùdào hái suàn mǎnyì de jiàgé xiān bú yào jízhe gòumǎi. Jíshǐ nǐ hěn xiǎng mǎi yíyàng dōngxi,

也不要对它赞不绝口。店主总是会一个劲儿地夸自己的商品，
yě bú yào duì tā zàn bù jué kǒu. Diànzhǔ zǒngshì huì yígejìnr de kuā zìjǐ de shāngpǐn.

但任何商品都不可能十全十美。这就给你讨价还价提供了
dàn rènhé shāngpǐn dōu bù kěnéng shí quán shí měi. Zhè jiù gěi nǐ tǎo jià huán jià tígōngle

充分的理由；其次，讨价还价还需要经验。而且不要因为讲价
chōngfèn de lǐyóu; qícì, tǎojià huánjià hái xūyào jīngyàn. Érqiě bú yào yīnwéi jiǎngjià

而觉得丢面子，否则买回家的东西可能比它的实际价格贵很多。
ér juéde diū miànzi, fǒuzé mǎi huíjiā de dōngxi kěnéng bǐ tā de shíjì jiàgé guì hěn duō.

不过，以上的方法在专卖店和大型商场可不适用哦！
Búguò, yǐshàng de fāngfǎ zài zhuānmàidiàn hé dàxíng shāngchǎng kě bú shìyòng o!

제9과 본문 ①

王文思: 智慧, 你听说了吗? 乐乐有男朋友了。
Wáng Wénsī: Zhìhuì, nǐ tīngshuō le ma? Lèlè yǒu nánpéngyou le.

李智慧: 是吗? 他们是怎么认识的呀?
Lǐ Zhìhuì: Shì ma? Tāmen shì zěnme rènshi de ya?

王文思: 好像是乐乐去黄山旅行的时候认识的。
Wáng Wénsī: Hǎoxiàng shì Lèlè qù Huáng Shān lǚxíng de shíhou rènshi de.

李智慧: 对了, 我听说中国的男孩子对女朋友特别好, 真的吗?
Lǐ Zhìhuì: Duì le, wǒ tīngshuō Zhōngguó de nánháizi duì nǚpéngyou tèbié hǎo, zhēn de ma?

王文思: 这也是因人而异吧, 不过大部分中国男孩子结婚以后
Wáng Wénsī: Zhè yě shì yīn rén ér yì ba, búguò dàbùfen Zhōngguó nánháizi jiéhūn yǐhòu

都会帮助太太做家务的。
dōu huì bāngzhù tàitai zuò jiāwù de.

李智慧: 是吗? 在韩国大部分家务还是由太太做。
Lǐ Zhìhuì: Shì ma? Zài Hánguó dàbùfen jiāwù háishi yóu tàitai zuò.

王文思: 这是因为在中国, 结婚后太太还会继续工作,
Wáng Wénsī: Zhè shì yīnwéi zài Zhōngguó, jiéhūn hòu tàitai hái huì jìxù gōngzuò,

和丈夫一样早出晚归。
hé zhàngfu yíyàng zǎo chū wǎn guī.

李智慧: 所以家务也是两个人一起做, 对吧?
Lǐ Zhìhuì: Suǒyǐ jiāwù yě shì liǎng ge rén yìqǐ zuò, duì ba?

过去大部分韩国女孩子结了婚都会在家做全职主妇,
Guòqù dàbùfen Hánguó nǚháizi jié le hūn dōu huì zài jiā zuò quánzhí zhǔfù,

所以形成了女孩子承担大部分家务的传统。
suǒyǐ xíngchéngle nǚháizi chéngdān dàbùfen jiāwù de chuántǒng.

所以现在虽然韩国人结婚后双方都工作,
Xiànzài suīrán Hánguórén jiéhūn hòu shuāngfāng dōu gōngzuò,

但是由于这种传统还是女孩子承担大部分家务。
dànshì yóuyú zhèzhǒng chuántǒng háishi nǚháizi chéngdān dàbùfen jiāwù.

王文思: 哈哈, 原来不管哪个国家的女孩子都会觉得
Wáng wén sī: Hā ha, yuánlái bùguǎn nǎge guójiā de nǚháizi dōu huì juéde

全职主妇很闷, 想要有自己的工作啊。
quánzhí zhǔfù hěn mèn, xiǎng yào yǒu zìjǐ de gōngzuò a.

제9과 본문 ❷

我今天告诉智慧, 在我们家, 我爸爸做的饭比我妈妈做的
Wǒ jīntiān gàosu Zhìhuì, zài wǒmen jiā, wǒ bàba zuò de fàn bǐ wǒ māma zuò de

还要好吃。听到这儿, 她非常吃惊。因为在她家里, 她爸爸
hái yào hǎochī. Tīngdào zhèr, tā fēicháng chījīng. Yīnwéi zài tā jiā li, tā bàba

基本上不做家务, 更别提做饭了。这样的情况, 是由于中国和
jīběn shang bú zuò jiāwù, gèng bié tí zuò fàn le. Zhèyàng de qíngkuàng, shì yóuyú Zhōngguó hé

韩国的家庭文化差异造成的。在中国, 我的爸爸妈妈每天都是
Hánguó de jiātíng wénhuà chāyì zàochéng de. Zài Zhōngguó, wǒ de bàba māma měitiān dōu shì

早上8点上班, 一直到下午工作结束才回家。所以, 爸爸和
zǎoshang bā diǎn shàngbān, yìzhí dào xiàwǔ gōngzuò jiéshù cái huí jiā. Suǒyǐ, bàba hé

妈妈一般都是谁先到家谁就做饭, 并没有固定的观念,
māma yìbān dōu shì shéi xiān dào jiā shéi jiù zuò fàn, bìng méiyou gùdìng de guānniàn,

认为做饭是太太应该做的事。但是智慧说, 在她家里, 妈妈是
rènwéi zuò fàn shì tàitai yīnggāi zuò de shì. Dànshì Zhìhuì shuō, zài tā jiā li, māma shì

不用出去工作的, 但爸爸需要工作到很晚。所以妈妈每天
bú yòng chūqu gōngzuò de, dàn bàba xūyào gōngzuò dào hěn wǎn. Suǒyǐ māma měitiān

需要照顾丈夫和孩子。当然也包括做饭了。
xūyào zhàogu zhàngfu hé háizi. Dāngrán yě bāokuò zuò fàn le.

其实, 这两种家庭文化没有哪一种更好, 哪一种更不好。
Qíshí, zhè liǎng zhǒng jiātíng wénhuà méiyou nǎ yì zhǒng gèng hǎo, nǎ yì zhǒng gèng bù hǎo.

只是因为每个国家的实际情况不同所造成的。你觉得呢?
Zhǐshì yīnwéi měi ge guójiā de shíjì qíngkuàng bùtóng suǒ zàochéng de. Nǐ juéde ne?

제10과 본문 ❶

崔志勋: 乐乐, 你上个周末干什么去了?
Cuī Zhìxūn: Lèlè, nǐ shàng ge zhōumò gàn shénme qù le?

林乐乐: 我陪朋友看电影去了。
Lín Lèlè: Wǒ péi péngyou kàn diànyǐng qù le.

崔志勋: 什么片儿啊? 有意思吗?
Cuī Zhìxūn: Shénme piānr a? Yǒu yìsi ma?

林乐乐: 片名是《失恋33天》,是一个年轻导演的作品。最近很火的。
Lín Lèlè: Piànmíng shì 《shīliàn sānshísān tiān》, shì yí ge niánqīng dǎoyǎn de zuòpǐn. Zuìjìn hěn huǒ de.

崔志勋: 主要内容是什么啊?
Cuī Zhìxūn: Zhǔyào nèiróng shì shénme a?

林乐乐: 讲的是一个女孩在失恋后33天的时间里心理的
Lín Lèlè: Jiǎng de shì yí ge nǚhái zài shīliàn hòu sānshísān tiān de shíjiān li xīnlǐ de

恢复过程。挺有意思的。
huīfù guòchéng. Tǐng yǒu yìsi de.

崔志勋: 你还知道什么好电影, 给我介绍介绍吧。
Cuī Zhìxūn: Nǐ hái zhīdao shénme hǎo diànyǐng, gěi wǒ jièshào jièshào ba.

林乐乐: 你知道中国有名的电影导演张艺谋吗?
Lín Lèlè: Nǐ zhīdao Zhōngguó yǒumíng de diànyǐng dǎoyǎn Zhāng Yìmóu ma?

崔志勋: 知道, 我还看过他导演的《英雄》呢。特别感人。
Cuī Zhìxūn: Zhīdao, wǒ hái kànguo tā dǎoyǎn de 《Yīngxióng》 ne. Tèbié gǎnrén.

林乐乐: 对了, 还有冯小刚, 他也是一位我特别喜欢的电影导演。
Lín Lèlè: Duì le, háiyǒu Féng Xiǎogāng, tā yě shì yí wèi wǒ tèbié xǐhuan de diànyǐng dǎoyǎn.

我推荐你看看他的《天下无贼》。
Wǒ tuījiàn nǐ kànkan tā de 《Tiān xià wú zéi》.

崔志勋: 我以前就听说过, 下次有空我可要去看看。
Cuī Zhìxūn: Wǒ yǐqián jiù tīngshuōguo, xiàcì yǒu kòng wǒ kě yào qù kànkan.

顺便还可以提高一下我的听力水平。
Shùnbiàn hái kěyǐ tígāo yíxià wǒ de tīnglì shuǐpíng.

제10과 본문 ❷

说起中国的电影, 大家可能不是特别熟悉, 但是说到电影导演,
Shuōqǐ Zhōngguó de diànyǐng dàjiā kěnéng bú shì tèbié shúxi, dànshì shuōdào diànyǐng dǎoyǎn,

我想张艺谋这个名字你一定不陌生吧? 他可以说是中国电影史上
wǒ xiǎng Zhāng Yìmóu zhège míngzi nǐ yídìng bú mòshēng ba? Tā kěyǐ shuō shì Zhōngguó diànyǐngshǐ shang

第五代导演中最有名的一位。他1951年出生, 只念完初中后
dì wǔ dài dǎoyǎn zhōng zuì yǒumíng de yíwèi. Tā yī jiǔ wǔ yī nián chūshēng, zhǐ niànwán chūzhōng hòu

就去了农村, 之后还当过工人。后来他通过自己的努力考进了
jiù qù le nóngcūn, zhīhòu hái dāngguo gōngrén. Hòulái tā tōngguò zìjǐ de nǔlì kǎojìn le

北京电影学院学习摄影, 毕业后当了一名电影厂的摄影师。
Běijīng diànyǐng xuéyuàn xuéxí shèyǐng, bìyèhòu dāngle yì míng diànyǐngchǎng de shèyǐngshī.

1984年, 他的第一部电影作品《黄土地》拍摄完成,
Yī jiǔ bā sì nián, tā de dì yī bù diànyǐng zuòpǐn 《Huáng tǔdì》 pāishè wánchéng,

并且获得了中国、法国等很多国家电影节的奖项。
bìngqiě huòdéle Zhōngguó、Fǎguó děng hěn duō guójiā diànyǐngjié de jiǎngxiàng.

以后, 他一直都在不断地创作新的作品。
Yǐhòu, tā yìzhí dōu zài búduàn de chuàngzuò xīn de zuòpǐn.

他的《红高粱》、《秋菊打官司》、《英雄》、《十面埋伏》等
Tā de《Hónggāoliáng》、《Qiūjú dǎ guānsi》、《Yīngxióng》、《Shímiàn máifú》 děng

很多部电影都是中国老百姓熟悉并且喜爱的作品。
hěn duō bù diànyǐng dōu shì Zhōngguó lǎobǎixìng shúxi bìngqiě xǐ'ài de zuòpǐn.

除了张艺谋以外, 还有陈凯歌、冯小刚、李少红等人都是
Chúle Zhāng Yìmóu yǐwài, háiyǒu Chén Kǎigē、Féng Xiǎogāng、Lǐ Shàohóng děng rén dōu shì

八十年代从北京电影学院毕业的有名的电影导演。
bāshí niándài cóng Běijīng diànyǐng xuéyuàn bìyè de yǒumíng de diànyǐng dǎoyǎn.

제11과 본문 ①

小金: 师傅，去建国门的东方大厦。
Xiǎo Jīn: Shīfu, qù Jiànguómén de Dōngfāng dàshà.

司机: 好咧，看你这一脑门的汗。在外面等了很长时间了吧?
sījī: Hǎo lie, kàn nǐ zhè yì nǎomén de hàn. Zài wàimiàn děngle hěn cháng shíjiān le ba?

小金: 可不是嘛。站了十几分钟了，都没有空车。打车可真难啊。
Xiǎo Jīn: Kěbushì ma. Zhàn le shíjǐ fēnzhōng le, dōu méiyou kōng chē. Dǎ chē kě zhēn nán a.

司机: 因为今天是星期一，所以人特别多。
sījī: Yīnwéi jīntiān shì xīngqīyī, suǒyǐ rén tèbié duō.

小金: 您说说，这城市里道路越修越宽，也越修越多，
Xiǎo Jīn: Nín shuōshuo, zhè chéngshì li dàolù yuè xiū yuè kuān, yě yuè xiū yuè duō,

但为什么还是这么堵啊。
dàn wèishénme háishì zhème dǔ a.

司机: 嗨，路是宽了、多了，不过买车的人也是越来越多啊。
sījī: Hēi, lù shì kuān le、duō le, búguò mǎi chē de rén yě shì yuèláiyuè duō a.

这车太多了，肯定就堵啊。
Zhè chē tài duō le, kěndìng jiù dǔ a.

小金: 也对，现在买车也便宜，各种税金和费用也降了，
Xiǎo Jīn: Yě duì, xiànzài mǎi chē yě piányi, gèzhǒng shuìjīn hé fèiyòng yě jiàng le,

大部分家庭都选择买车了。
dàbùfen jiātíng dōu xuǎnzé mǎi chē le.

司机: 我看啊。要想解决交通问题，除了改善道路条件以外，
sījī: Wǒ kàn a. Yào xiǎng jiějué jiāotōng wèntí, chúle gǎishàn dàolù tiáojiàn yǐwài,

还是得实行尾号限行制度。
háishi děi shíxíng wěihào xiànxíng zhìdù.

小金: 可不是嘛。不过也得大家都遵守才行啊。
Xiǎo Jīn: Kěbushì ma. Búguò yě děi dàjiā dōu zūnshǒu cái xíng a.

哎，师傅，能快点吗? 我要迟到啦。
Āi, shīfu, néng kuài diǎn ma? Wǒ yào chídào la.

司机: 不能再快啦，再快就该领罚单了。
sījī: Bù néng zài kuài la, zài kuài jiù gāi lǐng fádān le.

小金: 唉，我这个月的奖金又要泡汤了。
Xiǎo Jīn: Āi, wǒ zhège yuè de jiǎngjīn yòu yào pàotāng le.

제11과 본문 ❷

在中国，如果你想出远门，那么你可以选择下面几种交通方式：
Zài Zhōngguó, rúguǒ nǐ yào chū yuǎnmén, nàme nǐ kěyǐ xuǎnzé xiàmiàn jǐ zhǒng jiāotōng fāngshì :

长途客车、火车、飞机或客轮。长途汽车的外观和韩国的
chángtú kèchē, huǒchē, fēijī huò kèlún. Chángtú qìchē de wàiguān hé Hánguó de

巴士看起来差不多，但是里面十分不同。因为需要长时间乘坐，
bāshì kàn qǐlai chàbuduō, dànshì lǐmiàn shífēn bùtóng. Yīnwéi xūyào cháng shíjiān chéngzuò,

所以汽车内部不是座位，而是一张一张的床铺。
suǒyǐ qìchē nèibù bú shì zuòwèi, érshì yì zhāng yì zhāng de chuángpù.

这些床只能够一个人平躺，不是很舒服。除了长途巴士，
Zhèxiē chuáng zhǐ nénggòu yí ge rén píngtǎng, bú shì hěn shūfu. Chúle chángtú bāshì,

最普遍的交通方式应该算是火车了。火车一般分为硬座、
zuì pǔbiàn de jiāotōng fāngshì yīnggāi suànshì huǒchē le. Huǒchē yìbān fēnwéi yìngzuò,

硬卧和软卧。硬座指的是一般的座位。比起硬座和硬卧，
yìngwò hé ruǎnwò. Yìngzuò zhǐshì yìbān de zuòwèi. Bǐqǐ yìngzuò hé yìngwò,

软卧的床铺空间比较大，而且床铺比较柔软。无论是坐着
ruǎnwò de chuángpù kōngjiān bǐjiào dà, érqiě chuángpù bǐjiào róuruǎn. Wúlùn shì zuòzhe

还是躺着都更加舒适。而且，火车是中国最为主要的
háishì tǎngzhe dōu gèngjiā shūshì. Érqiě, huǒchē shì Zhōngguó zuìwéi zhǔyào de

长途运输工具。比如说，在每年的春运期间，乘坐火车的
chángtú yùnshū gōngjù. Bǐrú shuō, zài měi nián de chūnyùn qījiān, chéngzuò huǒchē de

人数都超过1亿4千人次。客轮是在中国部分南方地区和
rénshù dōu chāoguo yíyì sìqiān réncì. Kèlún shì Zhōngguó bùfen nánfāng dìqū hé

沿海地区使用的交通方式。由于地理条件的限制，
yánhǎi dìqū shǐyòng de jiāotōng fāngshì. Yóuyú dìlǐ tiáojiàn de xiànzhì,

并不普遍使用。飞机是最快捷的交通方式，但是费用也比较贵。
bìng bù pǔbiàn shǐyòng. Fēijī shì zuì kuàijié de jiāotōng fāngshì, dànshì fèiyòng yě bǐjiào guì.

제12과 본문 ❶

志勋: 文思, 你周末有什么计划啊?
Zhìxūn: Wénsī, nǐ zhōumò yǒu shénme jìhuà a?

文思: 我正和朋友商量周末去看龙舟比赛呢!
Wénsī: Wǒ zhèng hé péngyou shāngliang zhōumò qù kàn Lóngzhōu bǐsài ne!

志勋: 龙舟比赛? 那是什么啊?
Zhìxūn: Lóngzhōu bǐsài? Nà shì shénme a?

文思: 志勋你忘了, 星期六是端午节啊!
Wénsī: Zhìxūn nǐ wàng le, Xīngqīliù shì Duānwǔ Jié a!

龙舟比赛是中国人在端午节举行的特色活动。
Lóngzhōu bǐsài shì Zhōngguórén zài Duānwǔ Jié jǔxíng de tèsè huódòng.

志勋: 哦, 我明白了, 韩国也有端午节。
Zhìxūn: Ò, wǒ míngbái le, Hánguó yě yǒu Duān wǔ Jié.

中国的龙舟比赛很有意思吗?
Zhōngguó de Lóngzhōu bǐsài hěn yǒu yìsi ma?

文思: 当然了! 比赛的时候, 大家分成不同的队, 在龙船中
Wénsī: Dāngrán le! Bǐsài de shíhou, dàjiā fēnchéng bùtóng de duì, zài Lóngchuán zhōng

进行划船比赛。就像一条条龙在水上穿梭, 可漂亮了!
jìnxíng huáchuán bǐsài. Jiù xiàng yì tiáotiáo lóng zài shuǐ shang chuānsuō, kě piàoliang le!

志勋: 那我能不能和你们一起去看看啊?
Zhìxūn: Nà wǒ néngbunéng hé nǐmen yìqǐ qù kànkan a?

我从来没有参加过这样的活动。
Wǒ cónglái méiyou cānjiāguo zhèyàng de huódòng.

文思: 好啊, 那天你不仅可以看到激烈的龙舟比赛,
Wénsī: Hǎo a, nàtiān nǐ bùjǐn kěyǐ kàndào jīliè de Lóngzhōu bǐsài,

还可以吃到端午节的传统饮食 —— 粽子。
hái kěyǐ chīdào Duānwǔ Jié de chuántǒng yǐnshí —— zòngzi.

志勋: 嗬, 这么丰富啊, 那我可真不能错过啦!
Zhìxūn: Hē, zhème fēngfù a, nà wǒ kě zhēn bù néng cuòguo la!

文思: 嗯, 那我们周六上午10点, 学校门口不见不散。
Wénsī: Ēn, nà wǒmen zhōuliù shàngwǔ shí diǎn, xuéxiào ménkǒu bú jiàn bú sàn.

志勋: 好的, 我一定准时到。
Zhìxūn: Hǎo de, wǒ yídìng zhǔnshí dào.

제12과 본문 ❷

中国的节假日很多。既有国际性的节日, 也有中国人自己的节日。
Zhōngguó de jiéjiàrì hěn duō. Jì yǒu guójì xìng de jiérì, yě yǒu Zhōngguó rén zìjǐ de jiérì.

刚来中国的时候, 真是吓了一跳。原来中国人每年可以休息
Gāng lái Zhōngguó de shíhou, zhēnshì xiàle yí tiào. Yuánlái Zhōngguórén měinián kěyǐ xiūxi

这么多天! 每次三天以上的假期一年就有6次! 1月1日是中国的
zhème duō tiān! Měi cì sān tiān yǐshàng de jiàqī yì nián jiù yǒu liù cì! Yī yuè yī rì shì Zhōngguó de

元旦, 一般放假3天。接下来的就是春节。春节是中国人
Yuándàn, yìbān fàngjià sān tiān. Jiē xiàlai de jiùshì Chūn Jié. Chūn Jié shì Zhōngguórén

最重视的节日, 一般都会放假7天以上。这一天所有的人
zuì zhòngshì de jiérì, yìbān dōu huì fàngjià qī tiān yǐshàng. Zhè yì tiān suǒyǒu de rén

都会回家团圆, 和家人一起吃一顿热腾腾的年夜饭。
dōu huì huíjiā tuányuán, hé jiārén yìqǐ chī yí dùn rètēngtēng de niányèfàn.

4月4日清明节、5月1日劳动节, 还有农历5月5日端午节,
Sì yuè sì rì Qīngmíng Jié, wǔ yuè yī rì Láodòng Jié, hái yǒu nónglì wǔ yuè wǔ rì Duānwǔ Jié,

农历8月15中秋节也都放假三天。这个时候不仅会举行传统的
nónglì bā yuè shíwǔ Zhōngqiū Jié yě dōu fàngjià sān tiān. Zhège shíhou bùjǐn huì jǔxíng chuántǒng de

节日活动, 还能吃到各色各样的传统美食。最后还有10月1日的
jiérì huódòng, hái néng chīdào gèsè gèyàng de chuántǒng měishí. Zuìhòu hái yǒu shí yuè yī rì de

国庆节, 也有7天的假期。这是因为中国的地域广大,
Guóqìng Jié, yě yǒu qī tiān de jiàqī. Zhè shì yīnwéi Zhōngguó de dìyù guǎngdà,

探亲访友的距离也比较远, 所以需要比较长的假期。
tànqīn fǎngyǒu de jùlí yě bǐjiào yuǎn, suǒyǐ xūyào bǐjiào cháng de jiàqī.

但是近年来放长假也让大家有了更多消费的机会,
Dànshì jìnnián lái fàng chángjià yě ràng dàjiā yǒule gèng duō xiāofèi de jīhuì,

无形中拉动了国民经济。
wúxíng zhōng lādòng le guómín jīngjì.